Erläuterungen und Dokumente

Theodor Fontane
Grete Minde

HERAUSGEGEBEN VON
FREDERICK BETZ

PHILIPP RECLAM JUN. STUTTGART

Theodor Fontanes »Grete Minde« liegt unter Nr. 7603 in
Reclams Universal-Bibliothek vor. Die Seiten- und Zeilen-
angaben im Kommentar beziehen sich auf diese Ausgabe.

Universal-Bibliothek Nr. 8176
Alle Rechte vorbehalten. © 1986 Philipp Reclam jun., Stuttgart
Gesamtherstellung: Reclam, Ditzingen. Printed in Germany 1986
ISBN 3-15-008176-9

Inhalt

I. Kommentar, Wort- und Sacherklärungen

Der *Untertitel* ist für Pniower (S. 298, 321) ein Hinweis auf die von Fontane benutzten historischen Quellen: u. a. Andreas Ritners »Altmärkisches Geschichtsbuch« (1651) und die neue Ausgabe von Ritners Bericht in George Gottfried Küsters »Antiquitates Tangermundenses« (1729); vgl. Kap. II.

Leitner unterscheidet Fontanes Novelle von zeitgenössischen fiktiven Fortschreibungen alter Chroniken, wie z. B. Theodor Storms »Zur Chronik von Grieshuus« (1884) oder Joseph Viktor Widmanns »Chronika der fuernemben, fürstlichen Vestung Hohen-Salzpurg von der Römer Zeiten bis auf gegenwärtiges Jahr Christi 1650. [...] Zum erstenmal in Druck gegangen und zu finden bei Hermann Kerbern Buchfuerer und Verleger in Salzpurg 1895«, ein Text, »der Autor und Verleger miteinbeziehend, als Totalfiktion dem Leser von Anfang an den Vorstellungseinstieg in das vorgeblich alte Dokument anbietet«. »Bei Fontane«, so Leitner, »heißt der Titel ›Grete Minde‹ und nur der Untertitel, ›Nach einer altmärkischen Chronik‹, macht eine Aussage über den Zusammenhang der Geschichte mit einem alten Dokument und das m. E. nicht als Einempfindungshilfe oder Fortschreibung« (S. 215). Obwohl sie zugibt, »daß Fontanes ›Grete Minde‹ irgendwo noch unter dem Zeichen des Historismus steht und sei es auch nur in der Übertragung von Stilmitteln der historischen Ballade auf die Novelle oder mit besagter Vorstellung vom ›naiven Archaismus‹ [Müller-Seidel, S. 77]«, akzentuiert Leitner »die ästhetische Verwendung des Archaismus«, da sie »so eindeutig in literarisch spezifischen Funktionen (wie Leitmotivik, Symbolik usw.)« stehe (S. 220).

Bedenken gegen die *sprachliche Archaisierung* in »Grete Minde« wurden, allerdings nur vereinzelt, schon in der zeitgenössischen Kritik geäußert (vgl. Engel, Kap. IV,1). Zur Kritik in der neueren Forschung vgl. neben Müller-Seidel

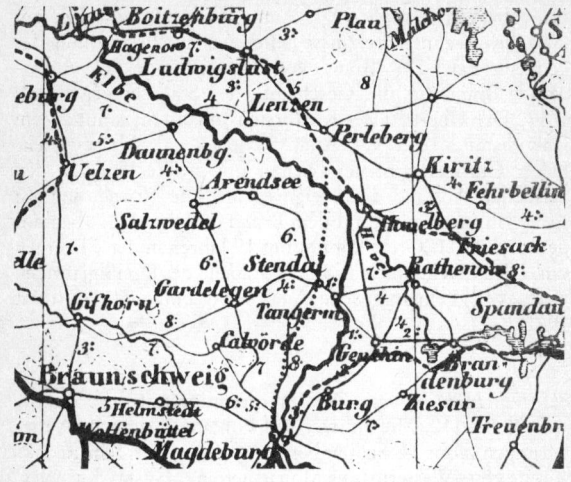

*Die Altmark. Aus: Reisende in Deutschland und dem österreichi-
schen Kaiserstaate. Coblenz: Karl Baedeker, ³1846*

(s. Kap. IV,2) bes. Demetz, S. 94. Es handelt sich haupt-
sächlich um folgende archaisierende Sprachelemente: Syn-
kope und Apokope von Flexionssilben, unflektierte Adjek-
tive, Voranstellung des Genetivs und lange Adverbialformen
(z. B. »wiewohlen«, »obwohlen«) und archaisierende Sub-
stantiva (z. B. »Fährliches«, »Schilderei«, »Burgemeister«).
Weil Fontane in »Grete Minde« die Volks- und Umgangs-
sprache der Zeit herzustellen sucht, kommen nach Sieper
(S. 76) die altertümlichen Elemente fast durchwegs der direk-
ten Rede zu; vgl. hierzu auch Leitner, S. 216.

Zur *Zeit der Handlung* vgl. Lotte Müller: »Fontane nennt als
einzige Zahl ›Anno 71‹ [76,23]; damals starb Joachim II.
Hektor, Kurfürst von Brandenburg, der 1539 zur Reforma-

tion übergetreten war [vgl. Anm. zu 76,20]. Zwei in der Novelle erwähnte Ereignisse helfen uns zur Feststellung der genauen Zeit: Der Brand von Tangermünde (als ›Grete-Minde-Brand‹ in die Geschichte der Stadt eingegangen): 1617. Der Übertritt des Kurfürsten Johann Sigismund zum Calvinismus: 1613 [vgl. Anm. zu 50,13–15]. Als gewissenhafter Chronist gibt der Dichter mit größter Sorgfalt den zeitlichen Abstand der Ereignisse an. Die Novelle umfaßt sechs Jahre; sie endet mit dem Brand im Jahre 1617, beginnt demnach 1611. Grete kommt mit 19 Jahren in den Flammen um. Die Novelle spielt also am Vorabend des Dreißigjährigen Krieges« (»Lehrpraktische Analysen«, Folge 14, Stuttgart 1961, S. 2).

3,1 *Das Hänflingnest*: Zur Interpretation vgl. bes. Pastor, S. 99 bis 110. Mit Hinweis auf Fontanes briefliche Äußerungen (vom 24. September 1879) gegenüber dem Redakteur von »Westermanns Monatsheften«, Gustav Karpeles, während der Entstehung von »Ellernklipp« (1881): »Das erste Kapitel ist immer die Hauptsache und in dem ersten Kapitel die erste Seite, beinah die erste Zeile. [...] Bei richtigem Aufbau muß in der ersten Seite der Keim des Ganzen stecken« (S. 100), zeigt Pastor, daß »der Keim des Ganzen« in der Tat im ersten Kapitel von »Grete Minde« liegt: Der »Keim« berge im Bild des Vogels, seines Fluges und seines Nestes die Sehnsucht Gretes nach Weite, nach der Fremde, zugleich jedoch ihr und Valtins »Heimweh« und, untergründig drohend, ihren Hang zur zerstörerischen Vergeltungstat (S. 103).

3,7–11 *überwachsenen Zaun ... Himbeerbüsche:* vgl. W I 1,882: tief eingeprägte Kindheitseindrücke, vgl. Fontanes »Meine Kinderjahre« (1894), Kap. 4 (Reclams Universal-Bibliothek, Nr. 8290 [4], Stuttgart 1986, S. 40), sowie Fontanes Gedicht »Im Garten« (entst. 1849?) über sein erstes Liebeserlebnis (W I 6,305 f., 965). Zur Bedeutung des Gedichts in diesem Zusammenhang vgl. schon Pniower,

S. 304. Dieser Garten erinnert Bos »an den *hortus conclusus*, an den von einer Mauer umgebenen Garten, der ein bekanntes Sinnbild für die Jungfräulichkeit Mariens war« (S. 23; zur Unschuldfrage und Maria-Typologie s. S. 21 bis 28).

4,6 *Trud:* Regentrud, in der Sage gewöhnlich Name düsterer Frauengestalten. In »Grete Minde« wird die »hübsche«, aber »böse« Schwägerin Gretes mit dem Märchen vom Machandelboom assoziiert, vgl. Anm. zu 5,2 f.

4,21 *Du fliegst ja nur so:* Zum Motiv des Fluges und seiner strukturellen Bedeutung in »Grete Minde« vgl. Demetz, S. 206 f., aber auch Pastor, S. 100 ff., der überzeugend nachweist, daß »das Motiv des Fluges, gesteigert durch eine Konstellation gegenständlicher Korrelate«, schon in »Grete Minde« zum »wesentlichen Element« erhoben wird – und nicht erst in »Effi Briest« (1895), wie Demetz (S. 210) meint.

5,2 f. *das Märchen vom Machandelboom:* Märchen Nr. 47 im 1. Teil der »Kinder- und Hausmärchen« (1812–15) der Brüder Grimm. *Machandelboom:* (niederdt.) Wacholderoder Machandelbaum. Vgl. schon Pniower: »Vielsagend wird gleich im Beginn auf das [Märchen] vom Machandelboom angespielt« (S. 329). Zur thematischen und strukturellen Bedeutung dieses »Lieblingsmärchens« Gretes (5,4) vgl. Pastor: »[. . .] so ist man nicht nur überrascht von der Grausamkeit jener plattdeutschen Erzählung, sondern auch von der Geschicklichkeit, mit der Fontane in Übernahme und Anspielung die Zeichnung insbesondere der Heldin und ihres Schicksals mit Zügen aus dem Märchen bereicherte. Dieses berichtet nämlich ebenfalls von einer Stiefmutter, die nach der Geburt eines eigenen Kindes das Stiefkind mißhandelt, aus dem Hause drängen will und schließlich ermordet. Das ermordete Kind aber verwandelt sich in einen schönen Vogel, der nun seinerseits die böse Stiefmutter tötet, und zwar in ›Damp un Flamm un Führ‹. Wieder spielt ein Vogel eine Rolle; aber auch hier meint Grete, wenn sie sich mit dem verstoßenen Kind identifiziert, das sich in einen rächenden Vogel verwandelt, nicht allein ihren ›Flug‹ aus der beengenden Gegenwart, sondern vor allen Dingen eben die Vergeltung, die ihr der gefiederte Racheengel im Märchen verheißt. In ihrem Lieblingsmärchen findet Grete ihre zehrenden Sehnsüchte wie auch ihre furchtbaren Wünsche symbolisch vorgeformt – gleich dem Vogel im Märchen wird sie Jahre später das in ›Führsflammen ünnergahn‹ lassen, was ihr die Heimstatt raubte« (S. 102 f.).

5,11 f. *Grete, ... da mußt du meine Braut werden:* Diese Szene erinnert Lübke (1881) und Wandrey an Gottfried Kellers Novelle »Romeo und Julia auf dem Dorfe« (1856), vgl. Kap. IV,1, aber auch Biener (Kap. IV,3). Valtins Liebeserklärung erinnert Bos (S. 24) an die Verkündigung.

5,22 *Emrentz:* Valtins Stiefmutter, nach »Emerentia Guntz ... Frau des Bürgermeisters Peter Guntz« (W I 1,882).

6,5 *Gigas:* Zu dieser Gestalt s. Pniower: »[...] der Prediger Gigas amtierte wirklich in der Zeit [von 1602 bis 1626] in Tangermünde [St. Stephanskirche, vgl. Anm. zu 23,23]. Doch fehlt ihm in der Überlieferung jeder persönliche Zug. Die prächtige Gestalt der Dichtung ist Fontanes freie Erfindung. Küster [III,76] berichtet von ihm, daß er eine rühmliche Gelehrsamkeit besaß«; daher vermutet Pniower, daß Fontane das Küstersche Buch gekannt hat (S. 321). In der Taufkapelle befand sich ein Porträt von Georg Gigas als Prediger in ganzer Figur (s. W. Zahn, »Geschichte der Kirchen und kirchlichen Stiftungen in Tangermünde«, Magdeburg 1897, S. 50). Delp hält Gigas für den am feinsten gezeichneten Charakter in der Erzählung (S. 19). Zur Interpretation vgl. bes. Ester, S. 67–71 sowie S. 128, Anm. 160; ferner Anm. zu 25,24 f.; 37,11 ff. Zur Interpretation und Auseinandersetzung mit der Forschung vgl. aber auch Bos, S. 11–14.

6,11 *Calvin'scher:* Anhänger des Genfer Reformators Johannes Calvin (1509–64). Die erbitterten Glaubenskämpfe (vgl. 24,35) zwischen Katholiken und Protestanten einerseits und zwischen Lutheranern und Calvinisten an-

dererseits werden »zu einem treibenden Motiv in dem
Schicksal« Grete Mindes (Pniower, S. 322 f.): Gretes Mutter war Katholikin (6,15 f.), sie selbst steht im Verdacht
katholischer Neigungen (vgl. 23,7 ff.), und der Haß, den
die streng lutherische Trud gegen sie hegt, wurzelt zunächst in der Verschiedenheit des Glaubens (vgl. 27,33 ff.;
34,17 ff.; u. ö.). Vgl. ferner 51,2 ff. (die Predigt, die Gigas,
der Repräsentant des Luthertums, vor dem calvinistischen
Kurfürsten hält); 85,5 ff. (die Gegnerschaft der Domina
des Klosters in Arendsee und des Pfarrers Roggenstroh).

6,18 f. *Brügge ... Span'sche:* Die reiche und kosmopoliti-
sche Handels- und Hafenstadt war seit 1559 Sitz eines Bis-
tums und wurde 1584 von den Spaniern wiedererobert.

6,20 f. *die beiden Grafen:* Hier irrt Valtin, die Grafen
Egmont und Hoorn wurden am 5. Juni 1568 in Brüssel
enthauptet.

6,23 *Ananias und Äneas:* Wortspiel in Analogie zu Brügge
und Brüssel. *Ananias:* hebräischer Name (»Gnade Gottes«) eines Jüngers und eines Hohepriesters aus der Apo-
stelgeschichte des Neuen Testaments (9,10 ff.; 23,2).
Äneas: berühmter Held im Trojanischen Krieg, nach der
Sage Stammvater der römischen Könige und Kaiser. Nach
Bos (S. 42) verwechselt Fontane bewußt Ananias und Kai-
phas (der Hohepriester war, als Christus vor dem Hohen
Rat stand); mit dieser Anspielung legt Fontane einen Zusammenhang zwischen den Stadtrat von Tangermünde und
den Hohen Rat in Jerusalem in den Tagen Jesu.

6,27 *Firmung:* vom Bischof durch Salbung und Hand-
auflegen vollzogenes kath. Sakrament, dient der Kräfti-
gung im Glauben und verleiht die Gnade der Standhaftig-
keit (Wahrig, »Deutsches Wörterbuch«, Gütersloh 1974,
Sp. 1276).

6,28 f. *Kirschen ... Nur zwei:* vgl. Pastor, S. 102, Anm. 23:
»Wie bewußt Fontane die zwei jungen Hänflinge in Paral-
lele zu den beiden Kindern setzt, belegt nicht allein die
Tatsache, daß Hänflinge im allgemeinen mehr als zwei Eier
ausbrüten, sondern – poetischer – auch der die Zweiheit

wieder aufnehmende Kunstgriff, Valtin am Ende des Kapitels just zwei Kirschen in der Höhe des Baumes, dort übrigens, wo ›bloß die Vögel hin‹-gelangen, für Grete pflücken zu lassen« (vgl. 7,5 ff.). Zum (Kirsch-)Baum- und (Garten-) Leiter-Motiv (7,19) im Zusammenhang mit dem Motiv des Sündenfalls vgl. Bos, S. 31 f.

8,18 *Zernitz:* Die Zernitze zählten zu den angesehenen Familien der Stadt, vgl. Pohlmann (1846) S. 99 f. Pniower führt diesen Familiennamen an als Beispiel dafür, daß Fontane Pohlmanns Buch als historische Quelle benutzt hat (S. 320).

10,24 *Versteckens spielte:* vgl. Fontanes »Meine Kinderjahre«, Kap. 14: »ratlos steh ich der *Versteckspiel*-Passion gegenüber« (Reclams UB, S. 151).

11,13 *Gardelegener Marktplatz:* Gardelegen, alte märkische Stadt im Magdeburgischen Kreis.

11,36–12,17 *es waren die Puppenspieler ... Das Jüngste Gericht:* vgl. Pniower: »So haben in der Tat Puppenspieler im Rathaus zu Tangermünde eine Vorstellung des ›Jüngsten Gerichts‹ gegeben, und es ereignete sich auch dabei ein Brandunglück, wie der Dichter erzählt. Aber die Begebenheit, die uns Ritner berichtet, fiel ins Jahr 1646, beinahe dreißig Jahre später als Fontane sie geschehen läßt« (S. 318). Pniower betont dabei, daß Fontane aus dichterischen Gründen diese Aufführung bewußt vorverlegt hat, denn das Puppenspiel ist ein wichtiges Motiv in der Erzählung. Vgl. Anm. zu 15,3 ff.; sonst Biener (Kap. IV,3).

12,10 *Hanswurst:* derb-komische Person mit Stegreifscherzen zur Belustigung der Zuschauer, Lieblingsfigur des volkstümlichen Theaters, im Gefolge der englischen Komödianten (Pickelhering oder Pickelhäring) entstanden, nach Vorbild der Commedia dell'arte als Harlekin bis ins 18. Jh. auf deutschen Bühnen.

13,8 *Ratmannen:* Ratsherren. Dem Tangermünder Rat gehörten im 17. Jh. zwölf Ratmannen an, die auf Lebenszeit gewählt wurden. Vgl. 100,9 ff., wo allerdings nur auf elf Ratsmitglieder hingewiesen wird.

13,9 *Peter Guntz:* Laut Thayer (S. 159) befinden sich noch in
der Tangermünder St.-Stephans-Kirche zwei Grabsteine
unter diesem Namen. Es handelt sich vermutlich um Vater
(Bürgermeister, gest. 1598) und Sohn (gest. 1618). Davon
abgesehen ist Fontanes Peter Guntz eine erfundene Figur.

14,25 *Stendal:* altmärkische Stadt, etwa 10 Kilometer nordwestlich von Tangermünde.

15,3 ff. *Und nun wurd' es still:* Zur Aufführung des Puppen-
spiels vgl. Pniower: »Die packende Schilderung, die [Fon-
tane] von seinem Wesen und Inhalt entwirft, gibt er [. . .]
ganz aus Eigenem, ohne irgend eine Vorlage, etwa das mit-
telalterliche Mysterium, das dieses Thema behandelt, benutzt zu haben« (S. 318). Vgl. Anm. zu 11,36–12,17.

15,29 f. *irgendeinem berühmten Totentanz entnommen:*
vgl. RuE III,532: Bildliche Darstellung der Vergänglich-
keit alles irdischen Lebens und der Gleichheit aller Menschen vor dem Tod: die Toten tanzen mit den Lebenden
aus allen Ständen ins Jenseits; Sprüche verdeutlichen die
lehrhafte Tendenz des Dargestellten. Zu den berühmtesten
Totentanz-Darstellungen gehören die Zeichnungen an den
Friedhofsmauern der Dominikanerklöster in Basel (1437
bis 1441) und Bern (1515–20) und die Holzschnitte von
Hans Holbein d. J. (1538). Fontane kannte die Totentanz-
Darstellung in der Lübecker Marienkirche (15. Jh.), vgl.
»Vor dem Sturm« (1878), Bd. 1, Kap. 10. Nach W I 1,883
dürfte Fontane auch den Berliner Totentanz in der Berliner
Marienkirche gekannt haben (vgl. Erik Hühns, »Der Berli-
ner Totentanz«, in: »Deutsches Jahrbuch für Volkskunde«
14, 1968, S. 235–46, mit Abb.).

17,31 f. *mit einem Türkenweib und einem Pickelhering:* Der
Pickelhering (gepökelter Hering) war eine stereotype komische Figur der Komödie des 17. Jh.s (vgl. Anm. zu
12,10); er erschien oft in Begleitung eines Türkenweibes.

18,20 *Ich wußt' es:* vgl. W I 1,884: »in F.s kalvinistischer
Erziehung und in seiner nach ›Schicksal‹ fragenden Natur
wurzelnder Prädestinationsglaube«; vgl. Fontanes Besprechung einer Aufführung von Sophokles' »König Oedipus«
am 20. September 1873 (W III 2,144 f.).

18,26 *aus den katholischen Zeiten her:* vor 1539; vgl. Anm. zu 76,20.

20,33 *Melissengeist:* oder Karmelitergeist, wurde im Jahre 1611 von Pariser Karmelitern in den Handel gebracht.

22,19 *der Stendalsche Roland:* vgl. Wilhelm Schwartz: »Wie verschiedene Städte in der Mark hat auch Stendal seinen Roland. Gar drohend steht er vor dem Rathause da, mit gezücktem Schwerte« (»Sagen und alte Geschichten der Mark Brandenburg«, Stuttgart/Berlin 6 1914 [zuerst 1871], S. 198). Etwa 1525 errichtet, 6 Meter hoch, ein Zeichen städtischer Freiheit und Gerichtsbarkeit. Hier ist der Vergleich mit Gerdts Mutter ironisch gemeint, denn er deutet nicht auf bürgerliche Gerechtigkeit, sondern auf Geiz und Habsucht.

22,31 f. *obwohlen sie mir das gebrannte Herzeleid antut:* »Einem alles gebrannte Herzeleid anthun«: brennende, höchst empfindliche Beleidigung; vermutlich rührt diese Redensart von den teuflischen Ketzerverfolgungen der Dominikaner her« (»Deutsches Sprichwörter-Lexikon. Ein Hausschatz für das deutsche Volk«, hrsg. von F. W. Wander, Leipzig 1870, Nachdr. Darmstadt 1964, Bd. 2, Sp. 623).

23,2 *Beichte:* Bis zur Mitte des 18. Jh.s war auch in der evangelischen (d. h. lutherischen im Gegensatz zur reformierten) Kirche die Privatbeichte üblich.

23,23 *Sankt Stephan:* die Hauptkirche Tangermündes, eine dreischiffige gotische Hallenkirche (vgl. 36,26 ff.). Vgl. Rost, S. 106, 152; Ru E III,522 f. Zur symbolischen Bedeutung von Gretes Tod in dieser Kirche (106,19 ff.) vgl. Bos, S. 45.

23,24 *die Lange Straße:* die Hauptstraße Tangermündes, vgl. Rost, S. 104.

24,25–28 *Denn der Teufel mit seinen Listen . . . ›Wachet und betet . . .‹:* vgl. 1. Petr. 5,8 und Mt. 26,41.

25,11 *die sieben Bitten:* das Vaterunser.

25,24 f. *Sieh, ich will dir auch eine Rose schenken:* vgl. Ester: »Nur auf Grund dieses unerwarteten Aspektes der Liebe

ist es zu verstehen, wie sich Gigas zu einer Vertrauensge-
stalt der Grete entwickeln kann und ihr unbewußt auch das
Motiv der Flucht zu liefern vermag« (S. 69). Vgl. 57,23 ff.;
ferner 92,13. Zur Rosensymbolik und Auseinandersetzung mit der Forschung vgl. Bos, S. 24–26.

26,8–12 *die Torheit von den guten Werken ... Wir haben*
nichts als den Glauben: Dem katholischen Glauben an die
seligmachende Kraft der guten Werke hält Gigas seine pro-
testantische Auffassung entgegen (26,12 ff.); vgl. Röm.
3,28.

26,20 f. *Kapselstück ... Mutter Gottes:* Zu »F.s Faible für
Amulett und Talisman« vgl. W I 1,884 f. Zur Interpretation vgl. Bos, S. 22: »Diese Kapsel, die sowohl auf die
Mutter Gretes als auf die Mutter Christi als auch auf Christus und sein Kreuz hinweist, ist ein wichtiges Symbol, das
man in diesem Werk als Dingsymbol auffassen könnte.«
Vgl. 63,33; 92,15.

27,5 f. *die Tenne fein fegen und die Spreu von dem Weizen*
sondern: vgl. Mt. 3,12. Siehe auch ähnlich 28,14 ff.

29,7 ff. *die Sage von der Jungfrau Lorenz ...:* Vgl. die Fassung der Sage von »Jungfer Lorenz zu Tangermünde« bei
Schwartz, S. 201 f.; ferner zu verschiedenen Fassungen
und künstlerischen Darstellungen »Bilder aus der Altmark« von Hermann Dietrichs und Ludolf Parisius, Hamburg 1883, Bd. 1, S. 18–23, sowie Pniower, S. 314.

30,1 ff. *»Habt ihr es nicht vernommen? ...«:* ein Lied von
Christian August Vulpius (1762–1827), der es in der Erzählung von »Frau Venus und ihr Hof im Venusberg«
(1811) als echtes Volkslied ausgibt. Das Lied ist also in
Fontanes Novelle anachronistisch, aber schon Pniower betont, daß Fontane die Verwendung eines für seine dichterischen Zwecke geeigneten Textes wichtiger war als die historische Genauigkeit (S. 329 f.). Im übrigen hat Fontane
das Original nicht einfach übernommen, sondern die ersten zwei Zeilen vertauscht und die dritte Strophe wegge-
lassen, vgl. Thayer, S. 165.

31,18 *küßte stürmisch seine welke Hand:* vgl. Pniower,

S. 315: eine Reminiszenz an Goethes »Faust« (V. 2699): »Dem Ahnherrn fromm die welke Hand geküßt!«

32,4 f. *Ob schon die Teichrosen blühn? Ich liebe sie so:* vgl. W I 1,885: tiefeingeprägter, fast als Lebenssymbol empfundener Kindheitseindruck, vgl. »Meine Kinderjahre«, Kap. 3 (Reclams UB, S. 29). Sonst Anklänge in dieser Waldidylle an Theodor Storms »Immensee« (1850/52)? Vgl. hierzu Biener (Kap. IV,3).

33,14 ff. *lieber weit, weit fort, in ein schönes Tal . . .:* vgl. Pastor: »Valtin entwirft das Bild eines idyllisch-utopischen Zuhause: [. . .] – gerade dieses Merkmal hebt Grete später hervor, als sie Valtin kurz vor der Flucht an seine Erzählung vom paradiesischen Tal erinnert [45,6 ff.]; [. . .] Ja, die Utopie, die Valtin ihr entwarf, begeistert Grete aufs tiefste [. . .], findet sie doch in ihr beide Sehnsüchte ihres Herzens befriedigt: das Tal liegt ›weit, weit fort‹ (Flug und Sprung) und bietet zugleich Schutz und Liebe (Nest) und ist damit ein Bild der Idylle, oder vielmehr der ›verhinderten Idylle‹, wie Müller-Seidel [S. 74] zutreffend bemerkt« (S. 104). Vgl. ferner Kahrmann, S. 80.

33,33 *der breite Strom:* die Elbe, vgl. 44,20 ff.

34,19 f. *arm wie das Heimchen unterm Herd:* vgl. W I 1,885: »Nach Alfred Brehms [Zoologe; Hauptwerk: »Tierleben«, 6 Bde., 1864–69] eigener Erfahrung im großelterlichen Pfarrhaus im Großgörschen suchen die Heimchen die behagliche Wärme unter dem Herd und können fürs Idyll figurieren, nicht für die Armut wie die Kirchenmaus.« Vgl. sonst Georg Büchmann: »Nach Charles Dickens' Weihnachtserzählung ›Cricket on the Hearth‹ (1846) heißt ein glückbringender Hausgeist bei uns *Heimchen am Herde*« (»Geflügelte Worte. Der Zitatenschatz des deutschen Volkes« [1864], München 1967, Bd. 2, S. 451).

35,21 *»Irrpfad in der Wildnis«:* Anspielung auf das Wandern der Israeliten in der Wüste, vgl. 4. Mose 14,33.

36,18 f. *›Laß die Waisen Gnade bei dir finden‹:* Zitat aus dem Alten Testament, Hos. 14,4.

37,2 *weiße Tücher:* wendischer Brauch (W I 1,885).

37,11 *die hohe Radkrause:* gehörte zum Ornat der lutherischen Geistlichen im 16. und 17. Jh.

37,11 ff. *Und nun begann er . . .:* Nach Ester (S. 69) kommt
in dieser Predigt der Doppelcharakter von Gigas' Sprache
(Askese und Liebe) zum Ausdruck.

37,27 *Unkraut . . . sehen:* vgl. Mt. 13,24–30.

37,36–38,1 *Verheißung, die Christus . . . auf dem Berg . . .
gegeben:* Anspielung auf die Bergpredigt in Mt. 5,9.5.8.

42,28 f. *so schön und so still und der Blick so weit:* nach W I
1,886 Bild für die Grundsehnsucht der früh gebrochenen
Fontaneschen Natur, vgl. bes. »Vor dem Sturm«, Bd. 4,
Kap. 28 (»Aus Renatens Tagebuch«). Vgl. auch 88,21 ff.;
89,16 ff.

42,33 f. *hing ihm Grete die Kastanienkette um:* vgl. Pastor:
»Eine weitere, freilich unscheinbarere Vorausdeutung vermittelt das Märchen vom Machandelboom: der Vogel be-
lohnt die Treue seines einstigen Vaters mit einer goldenen
Kette, die er anfangs um den eigenen Hals getragen hatte.
Das 8. Kapitel [. . .] heißt ›Die Ritterkette‹ und berichtet,
wie Grete ihrem treuen Valtin eine Kastanienkette um-
hängt, mit der sie zunächst sich selbst geschmückt hatte«
(S. 103, Anm. 27). Vgl. Anm. zu 5,2 f.

43,9 *die »Freiheit«:* oder die »Schloßfreiheit«, eine Straße,
die von dem nördlichen Tor der Stadt zur Burg hinauf-
führt. Hier wohnten Freisassen, die Beamte und privile-
giert waren. Vgl. auch 54,30.

43,10 *Burg:* Die Tangermünder Burg war Sitz der branden-
burgischen Markgrafen und Kurfürsten und Residenz
Karls IV. (1346–78). Im Jahre 1640 wurde die Burg zum
großen Teil von den Schweden zerstört. Vgl. auch Rost,
S. 105 f.

43,16 ff. *»Es waren zwei Königskinder, . . .:* Volkslied aus
Westfalen und dem Rheinland (15. Jh.). Zur Nacherzäh-
lung sowie zu älteren Variationen des Stoffes (z. B. die
griechische Sage von Hero und Leander) vgl. Thayer,
S. 168.

44,35 f. *eingemauert wie die Stendalsche Nonne:* wahr-

scheinlich eine Transponierung der bekannten eingemau-
erten Nonne des Klosters Heiligengrabe (Ostprignitz),
vgl. E. W. Neumann, »Märkische Märchen, Sagen und
Geschichten«, Berlin 1955, S. 93 f. Zu anderen möglichen
Quellen vgl. Thayer, S. 168 f. In Anspielungen auf die
»eingemauerte Nonne« in späteren Romanen Fontanes
(z. B. »L'Adultera«, »Graf Petöfy«, »Stine«) wird der Name Stendal nicht mehr erwähnt.

45,25–27 *»Was drückt dich?« »Das Leben.«* Zur Interpretation vgl. Ester, S. 70 f. (Gretes Lebenserwartung überstei-
ge die Möglichkeiten ihres Lebens, des Lebens überhaupt),
S. 130, Anm. 169 (Die Aneignung Gretes einer märchenhaften Wirklichkeit trage zu dieser Interpretation bei); zur
Auseinandersetzung mit Ester vgl. Bos, S. 8 f. (Gretes Anlage sei nicht so, daß sie nicht glücklich werden könne; ihr
Glück hänge von der Gesellschaft ab).

47,19 ff. *»Ach Tochter, herzliebste Tochter, ...«:* 6. und
7. Strophe des Volkslieds »Es waren zwei Königskinder«,
vgl. Anm. zu 43,16 ff.

48,18 *am Bug oder Steuer eines Schiffes:* vgl. W I 1,886:
Nachklang aus Fontanes Swinemünder Kindheitstagen.

48,23 f. *guter Engel:* nach W I 1,886 ebenfalls Kindheitseindruck, vgl. »Meine Kinderjahre«, Kap. 15 (Reclams UB,
S. 153 f.).

48,33 f. *der bittersten einer, war der Weihnachtstag:* vgl. W I
1,886: »F.s schmerzliches Kindheitserlebnis, das den inneren Bruch mit der Mutter vollendete«, vgl. »Meine Kinderjahre«, Kap. 17 (Reclams UB, S. 178). Zur Interpretation
des Weihnachtsmotivs vgl. Bos, S. 33, 44 f.; ferner Werner
Kohlschmidt, »Fontanes Weihnachtsfeste. Eine Motiv-
und Strukturuntersuchung«, in: »Literaturwissenschaft-
liches Jahrbuch der Görres-Gesellschaft«, N. F. 23 (1982)
S. 126 f.

49,10 *Sprüche Salomonis, Kap. 16, Vers 18:* »Wer zu Grunde
gehen soll, der wird zuvor stolz; und Hochmut kommt vor
dem Fall«; vgl. 49,14 f.

50,13–15 *der Herr Kurfürst ... von seinem lutherischen*

Glauben zum reformierten übergetreten: Der Kurfürst
Johann Sigismund (1572–1620) trat im Jahre 1613 aus poli-
tischen Gründen zum Kalvinismus über, was, wie Fontane berichtet, »Veranlassung zu großer Mißstimmung«
(50,16 f.) unter der Bevölkerung der Mark war, da sie
lutherisch blieb. Dieser kurfürstliche Besuch in Tangermünde ist nicht historisch belegbar.

51,3 f. *»Gebet dem Kaiser, ... Gottes ist.«:* vgl. Mt. 22,21.

51,15 ff. *an Eidesstatt zugesichert, ...:* vgl. Pniower:»Übrigens läßt Fontane den Kurfürsten in der Unterredung mit
Gigas einen seine milde Gesinnung ausdrückenden Ausspruch tun in einer Weise, als citiere er dabei wörtlich den
Bericht von Chronisten [vgl. 51,10]. Der Ausspruch ist
ganz im Geiste der von Johann Sigismund bezeugten An-
schauungen und den am Schluß seines 1614 veröffentlichten Glaubensbekenntnisses ausgesprochenen Gedanken
gemäß. Aber wörtlich überliefert finde ich ihn nirgends.
[...] Es liegt auch hier eine freie, aber berechtigte Erfindung Fontanes vor« (S. 323 f.).

51,16 f. *Augsburgischer Konfession:* Die »Augsburgische
Konfession« ist die grundlegende Bekenntnisschrift der
lutherischen Kirche. Sie wurde von Philipp Melanchthon
(1497–1560), einem Mitstreiter Luthers, formuliert und am
25. Juni 1530 dem Reichstag zu Worms überreicht.

51,26 *Rektores aller fünf Kirchen: Rektor:* Vorsteher eines
Konvents, eines geistlichen Kollegiums oder einer Stif-
tung, auch Bezeichnung für Pfarrer; *fünf Kirchen:* St. Stephan, St. Nicolai, St. Elisabethkapelle, St. Johanneskapelle
und Allerheiligenkirche.

52,23 *Trinkspruch reihte sich an Trinkspruch:* Vgl. die Sage
von »Kaiser Karl zu Tangermünde« (Schwartz, S. 200 f.).

53,1 *Wendenstein:* s. 55,16 ff. Vgl. Fontanes »Wanderungen
durch die Mark Brandenburg« (Kap. »Die Wenden in der
Mark« (W II 3,14 f.). Obwohl wendische Grabstätten in
der Mark noch vorhanden sind, gibt es laut Thayer (S. 172)
in der Umgebung von Tangermünde keinen ›Wendenstein‹
bzw. keine ›Wendenstein‹-Tradition.

53,26 f. *Alles märchenhaft und wie verwunschen:* Zu märchenhaften Aspekten der Erzählung vgl. Müller-Seidel, S. 72 f. Vgl. sonst Anm. zu 5,2 f.; 33,14 ff.

54,12 *Eva sei schuld:* Anspielung auf den Sündenfall vom Paradies; zu diesem Motiv vgl. ebenfalls Müller-Seidel, S. 72 f. Zur Auseinandersetzung mit der Schuldfrage und der Eva-Typologie vgl. Bos, S. 28–38.

54,27 *das Wassertor:* oder das Elbtor zu Tangermünde, bekannt als die Roßfurt.

55,20 *Tangerschlacht:* im Jahre 983 (vgl. W II 3,18).

56,1 ff. *Herr von Buch …:* Johann von Buch kaufte mit einem in der Tangermünder Kirche versteckten Schatz seinen 1287 in der Schlacht bei Frose gefangenen Herrn, den Markgrafen Otto IV. (1266–1309), frei. Der Markgraf erhielt den Beinamen »mit dem Pfeil« (56,6), nachdem er 1280 von einem Pfeil getroffen worden war und ihn ein Jahr lang im Kopf getragen hatte. Otto IV. war auch als Minnesänger und Förderer der Dichtkunst bekannt.

56,11 *Fischbeck:* Dorf am anderen Ufer der Elbe.

56,12 ff. *der alte Pfarr …:* Lorenz Schulze oder Laurentius Poetorius, Pfarrer in Tangermünde (1626 gest.), vgl. Küster und Pohlmann (1829) S. 239.

57,1 f. *als wären alle Menschen irgendeinmal ihrem Elend entlaufen:* vgl. Anm. zu 48,23 f.

57,6 ff. *es war, als flög' ich …:* vgl. Pastor: »Flug deutet auf Flucht aus der bedrängenden Seelennot« (S. 103); vgl. auch Anm. zu 3,1; 4,21.

57,34 *genferisch:* kalvinistisch (Calvin schuf in Genf seine kirchliche Ordnung).

58,19 *Joseph und Maria floh:* vgl. Mt. Kap. 2.

58,19 f. *Petrus floh aus seinem Gefängnis:* vgl. Apg. 5,19 ff.

58,27 f. *unsere Feinde lieben sollen:* vgl. Mt. 5,44.

59,9 *die Sommerfäden zogen:* Vgl. die Sage von der »Spinnerin im Monde oder woher die Marienfäden kommen« (Schwartz, S. 205–207); ferner W I 3,816 f. (»Vor dem Sturm«), S. 205 f.: »die Lieblingszeit der ›Herbstnatur‹ F.s, die ihn immer wieder zu den tiefsten Stimmungsbildern seiner Dichtung führt. Hier ist die eigentliche ›Fontane-Stimmung‹ spürbar, aus der fast immer eine Wende des Geschehens kommt«. Vgl. in diesem Sinne »Grete Minde«, Kap. 9, 13 und 17.

62,17 *Denn daß er kommen würde, das wußte sie:* Ende der ersten Folge des Vorabdrucks in »Nord und Süd« 9 (Mai 1879) H. 26, S. 186. Vgl. hierzu Fontanes Brief an Paul Lindau vom 5. März 1879 (Kap. III); ferner Konieczny: »Der notwendige Schnitt erfolgte an der Stelle, wo Gretes Entschluß feststeht, ihr Elternhaus zu verlassen. Sie wartet auf Valtins Entscheidung. In ›Nord und Süd‹ klingt die erste Folge mit den Worten aus: [62,17]. Der zweite Teil beginnt nach einem Monat mit den Sätzen: [62,18 f.; vgl. »Nord und Süd«, H. 27, S. 285]. *Vier Wochen* Unterbrechung erscheinen dem Leser hier auf eine *Viertelstunde* verkürzt. Der Kunstgriff stellte die entscheidende Voraussetzung für eine sinnvolle Zäsur dar« (S. 94). Vgl. Kap. IV,3 (Konieczny).

62,21 *wie's kommen mußte:* vgl. Anm. zu 18,20.

63,30 *Nonnen von Arendsee:* Zur Geschichte des altmärkischen Städtchens und dortigen Nonnenklosters vgl. Thayer, S. 175 f.; zur sagenhaften Benennung des Städtchens vgl. Schwartz, S. 195 f. Vgl. 73,18 ff.; 81,27 ff.

65,3 *Sinn für das Komische ... geblieben:* nach W I 1,888 autobiographisch.

67,31 *Märchenblume:* »der rote Fingerhut« (67,27). Vgl. Valtins Antwort (68,1 f.) sowie die Fingerhut-Bedeutung in Fontanes Roman »Cécile« (1886/87; Reclams Universal-Bibliothek, Nr. 7791, Stuttgart 1982, S. 29,2 ff.).

69,20 *unsere beiden Flüchtlinge:* Entgegen Friedrich Spielhagens Forderung nach strikter Objektivität im Roman (vgl. z. B. »Der Held im Roman«, 1874) gebraucht Fontane gern und bes. in Verbindung mit seinen Hauptcharakteren das Possessivpronomen der 1. Person Plural, vgl. 71,4; 74,30 f.; 100,4.

73,19 ff. *Drei Jahre waren seitdem vergangen ...:* charakteristische Zeitaussparung in »Grete Minde«. Zu dieser

›balladesken Novelle‹ (Fontane) vgl. bes. Pniower, S. 328;
Robinson, S. xxxiii f.; Bosshart, S. 44 f. – Zu möglichen
Verweisen auf das Leiden und Sterben Christi (die drei
Jahre, die Farbe rot) im Zusammenhang mit dem Sterben
Valtins in Kap. 15 und zur Verbundenheit zwischen Grete
und Valtin im Zusammenhang mit der Leidensfrage und
Christus-Typologie vgl. Bos, S. 38–45.

74,26 f. *der Salzwedelsche Michaelismarkt:* Salzwedel: altmärkische Stadt nordwestlich Tangermünde, gehört ebenfalls zum altmärkischen Sagenkreis, vgl. Schwartz, S. 205
bis 207. Vgl. auch Fontanes Brief an Paul Lindau vom
6. Mai 1878 (Kap. III). *Michaelismarkt:* Herbstmarkt am
Michaelistag (29. September).

75,24 ff.: *Ein guter Spruch, . . .:* frei nach einem niederdeut-
schen Mundartgedicht. Pniower (S. 327) vermutet, daß
Fontane diese Verse aus J. D. H. Temmes »Volkssagen der
Altmark«, Berlin 1839, S. 51, geschöpft haben könnte. In
W I 1,888 wird auch auf den »Bär« (Berlin) von 1879, S. 92,
als mögliche Quelle Fontanes hingewiesen.

76,20 *vorvoriger Herr Kurfürst . . . Herr Joachim:* Joachim II. (1505–71) führte im Jahre 1539 die Reformation in
der Mark Brandenburg ein; das kirchliche Eigentum wurde
säkularisiert (vgl. 76,18 f.).

76,25 f. *Roggenstroh:* Fontanescher Name für den damali-
gen Pfarrer in Arendsee, der in Wirklichkeit Steff. Thuritz
hieß, vgl. Pniower, S. 321. Demetz (S. 201) rechnet »Roggenstroh« zu den allegorischen Namen in Fontanes Ro-
manwerk. Zur Rigorosität von Roggenstrohs Glaubens-
vorstellungen vgl. 82,7 ff.; 85,5 ff. und Anm. zu 6,11.

76,28 *Cölln an der Spree:* Stadt gegenüber von Alt-Berlin
südwestlich der Spree (heute Teil des Bezirks Berlin-Mit-
te); das Schloß zu Cölln war Residenz der Brandenburger
Kurfürsten.

76,32 *Zenobia:* Der Name bedeutet nach W I 1,889 ›die
Lebenskräftige‹, was im Schlußsatz der Erzählung betont
zu sein scheint.

77,8 f. *»Kaiser Karolus sien bestet Peerd«:* altmärkisches
Volkslied, vgl. Schwartz, S. 200 f.

77,14 ff. *»Zu Bacharach am Rheine, . . .«:* frei nach dem Anfang der Ballade »Die Lore Lay« aus Clemens Brentanos Roman »Godwi« (1801/02), also anachronistisch, vgl. hierzu aber Pniower (s. Anm. zu 30,1 ff.).

77,26 ff. *»Der liebste Buhle, den ich hab, . . .«:* Volkslied aus dem 16. Jh., in der 3. Aufl. von Johann Fischarts Roman »Gargantua« 1575 (u. d. T. »Geschichtsklitterung«), Kap. 8, zitiert. Laut W I 1,889 vermutlich nach den von Hoffmann von Fallersleben herausgegebenen »Deutschen Gesellschaftsliedern des sechzehnten und siebzehnten Jahrhunderts« (Leipzig 1844) zitiert; vgl. jedoch Fontanes Brief (16. Juni 1879) an Otto Schroeder (Kap. III).

79,16 *Holstentor:* Stadttor im Westen Lübecks (15. Jh.).

82,3 *gar Türken:* vgl. Schwartz, S. 202 f. (»Die beiden Frauen zu Aulosen«). In dieser Sage spielt übrigens auch die altmärkische Familie von Jagow (vgl. Anm. zu 83,23) eine Rolle.

82,18 *Domina:* (lat.) Herrin, Kloster- oder Stiftsvorsteherin, Äbtissin; vgl. Joachim Dissow: »In Mecklenburg nannten sie [die gewählten Oberhäupter der evangelischen Adelsklöster] sich Domina« (»Adel im Übergang«, Stuttgart 1961, S. 51 f.); ferner Fontanes Brief (5. Oktober 1871) an Césaire Kardinal Mathieu über das Kloster in Dobbertin (W IV 2,388) sowie seinen Brief (3. Februar 1879) an Mathilde von Rohr (Kap. III).

82,19 *Schulenburg:* altmärkisches Uradelsgeschlecht (vgl. 86,31); vgl. Thayer, S. 180; ferner Anm. zu 107,22 f.

83,18 *rotblühendem Hauslaub:* vgl. W I 1,889; »richtig: Hauslauch (Sempervium tectorum; nach altem Volksglauben Schutz gegen Blitz und Feuer).«

83,23 *Fräulein von Jagow:* vgl. Anm. zu 82,3. Nach Pniower (S. 320) hieß die damalige Domina des Klosters Eva Margarita von Wartenberg; vgl. dagegen Thayers Angabe, daß diese Domina erst 1707 gestorben ist (S. 180).

85,1 *meine Mutter eine Span'sche:* wohl aus den spanischen Niederlanden (vgl. W I 1,889).

85,15 ff. *als der Wittenbergsche Doktor gen Worms ging:*

Martin Luther verteidigte am 17./18. April 1521 seine Lehre vor dem Reichstag zu Worms und Kaiser Karl V.

85,28 *Antichrist:* im Neuen Testament die tierische Verkörperung des Teufels, der durch Christus überwunden wird. Im Zeitalter der Reformation auch Bezeichnung für den römischen Papst.

85,36 *Sie hat das Zeichen:* vgl. Anm. zu 18,20.

86,27 *v. Rundstedt, . . . v. Bülow:* wie v. Schulenburg (86,31) bekannte Adelsfamilien. Siehe Pniower: »Zwei dieser Namen sind nicht rein fingiert, sondern einer Urkunde vom Jahre 1481 entnommen, die die siebzig Insassen des Nonnenklosters aufzählt. Die Urkunde ist [. . .] nur bei Bekmann abgedruckt, und damit gewinnen wir die Tatsache, daß [Fontane] dieses [. . .] Buch herangezogen hat« (S. 320 f.). Vgl. ferner W I 1,888, Anm. zu S. 82.

88,30 *»Und hast ihr doch eine Freistatt geboten!«:* Zur Interpretation von Grete Mindes Ablehnung der idyllischen Freistatt im Kloster Arendsee vgl. Kahrmann (S. 83 f., 193 f.) sowie Globig (Kap. IV,3) und Thunecke.

90,11 *Schleife:* schlittenartiges Gestell, auf dem Lasten transportiert wurden.

90,26 *Arnsdörp:* wohl aus dem oft genannten Arnsdorf bei Fontanes Ferienort Krummhübel im Riesengebirge (vgl. W I 1,890).

94,5 f. *Nußbaumtisch stand noch am alten Platz:* nach W I 1,890 Reminiszenz an Fontanes Kinderjahre in Swinemünde, vgl. Fontanes Brief (24. August 1863) an seine Frau (Reclams UB, Nr. 8290 [4], S. 268).

95,27 *Mantelkind:* 17. Jh., mnd., voreheliches, durch »unter den Mantel nehmen« legitimiertes Kind (Paul/Betz, »Deutsches Wörterbuch«, Tübingen [8]1981, S. 417).

97,31 *ein rotes Männlein:* vgl. Schwartz, S. 153 (»Die Ruppiner Kobolde«).

99,25 ff. *Hastu Gewalt, . . . :* nach einem Spruch (1581) vor der Ratsstube in Stendal. Fontane übernahm nur die ersten 8 Zeilen des Spruches (20 Zeilen), den er bei Bekmann fand, vgl. Pniower, S. 327; Dietrichs/Parisius, »Bilder aus

der Altmark«, Bd. 2, Hamburg 1884, S. 214. Vgl. auch
102,20 ff.; 103,1 f.; 105,13 f. Zur Interpretation (Anklage
gegen Gesellschaft und Gewalt) vgl. Bos (S. 42 f.) sowie
Globig (Kap. IV,3).

100,9 ff. *Burgemeister und Rat . . .:* vgl. Anm. zu 5,22; 13,8;
13,9. Caspar Helmreich war im Jahre der Feuersbrunst
(1617) einer der beiden Bürgermeister von Tangermünde;
vgl. Helmreichs »Annales Tangermundenses«; ferner
Kap. II. Laut Pniower (S. 319 f.) bediente sich Fontane bei
der Aufzählung der Ratsherren außer bei Caspar Helmreich fingierter Namen, obwohl ihm die authentischen Namen zu Gebote standen (vgl. Bekmann). Zu den anderen
Namen vgl. jedoch W I 1,890.

101,19 *die Lübischen:* die Lübeckschen. Die märkischen
Hansestädte hatten sich 1285 Lübeck, dem wirtschaftlich
und politisch mächtigsten Mitglied der Hanse, angeschlos-
sen (vgl. RuE III,537).

101,21 *zwei Schiffe scheiterten:* Tangermünde wird 1368
zum erstenmal als Mitglied der Hanse erwähnt; Tangermünder Kaufleute, die Schiffe besaßen, gab es jedoch nicht
(vgl. RuE III,537).

107,22 f. *altmärkischen Landeshauptmann, Achaz von der
Schulenburg:* s. Pniower: »So hieß in der Tat einmal der
unmittelbare Vertreter des Kurfürsten in der Altmark. Nur
lebte er zwei Menschenalter später und wird als Truppen-
führer 1675 beim Anmarsch der Schweden genannt. Das
konnte Fontane etwa aus Pohlmanns ›Historische Wanderungen durch Tangermünde‹ (1846, S. 68) erfahren. [. . .]
Wirklich hieß der Mann, der im Jahre 1617 das höchste
Amt in der Altmark bekleidete, Thomas von dem Knese-
beck« (S. 320).

108,1 f. *Ich wußt' es . . .:* vgl. Anm. zu 18,20.

II. Historische Quellen und Stoffgeschichte

Zum Verhältnis der Fontaneschen Dichtung zu den historischen Quellen schreibt Anita Golz:

»In seinen ›Lebenserinnerungen‹ (1891) schreibt der Kunsthistoriker Wilhelm Lübke: ›Im Herbst 1859 durfte ich meinen lieben Freund Theodor Fontane auf einer seiner "Wanderungen durch die Mark" begleiten. [...] Während er in den Kirchen den historischen Erinnerungen nachging, machte ich Jagd auf ihre kunstgeschichtlichen Denkmäler. Wir besuchten Havelberg, Werben, Arndsee, das an kirchlichen Monumenten reiche Salzwedel, Seehausen und das hochbedeutende Stendal, endlich Tangermünde und die herrliche, in edlem romanischen Stil erbaute Klosterkirche zu Jerichow‹ (S. 326).

Die historischen Erinnerungen, denen Fontane in der Tangermünder St.-Stephans-Kirche nachgegangen sein mochte, fanden später in der Novelle ›Grete Minde‹ ihren Niederschlag.[1] Die gotische Kirche zeigte noch im 19. Jahrhundert deutliche Spuren der Vernichtung durch den Brand vom 13. September 1617, als dessen Urheberin Grete Minde galt. Seit 1618 wurde alljährlich am 13. September eine Gedächtnispredigt gehalten zur Erinnerung an die schreckliche Feuersbrunst, die nicht nur die gesamte Innenausstattung der St.-Stephans-Kirche zerstört, sondern auch den größten Teil der Stadt in Schutt und Asche gelegt hatte. Die ersten Darstellungen dieses für die Tangermünder Stadtgeschichte so bedeutsamen Ereignisses gaben Kaspar Helmreichs ›Annales Tangermundenses‹ (2. Auflage, 1651) – Helmreich war 1619 Bürgermeister in Tangermünde gewesen und hatte Grete Minde zum Tode verurteilt – und Andreas Ritners ›Altmärkisches Geschichtsbuch‹ (1651). Fontane hat außer diesen beiden Chroniken auch Sigmund Wilhelm Wohlbrücks ›Geschichte der Altmark‹ [1855] (›ein unendlich fleißiges und

1 Zur Entstehungsgeschichte von »Grete Minde« s. Kap. III.

Tangermünde. Kupferstich von Merian

unendlich langweiliges Buch‹, an Wilhelm Holtze, 15. Mai
1878), die ›detail- und anekdotenreiche‹ ›Historische Beschreibung der Chur und Mark Brandenburg‹ (1751–1753)
von Johann Christoph Bekmann (›in letzterem steckt eine
Welt von Stoff‹, an Paul Heyse, 25. Juni 1885) und die Schriften August Wilhelm Pohlmanns, ›Geschichte der Stadt Tangermünde‹ (1829) und ›Margaretha Minde oder Die Feuersbrunst zu Tangermünde am 13. September 1617. Ein Denkmal menschlicher Verworfenheit‹ [1843], benutzt.
In all diesen historischen Darstellungen wird die Geschichte
der Tangermünder Patriziertochter als ›ein Denkmal menschlicher Verworfenheit‹ erzählt. Grete Minde galt als die
Hauptschuldige an dem großen Brand. Das Motiv für ihre
Tat war das starre Verhalten der Familie Minde, der die Tochter des mißratenen Peter Minde – er mußte eines Mordes
wegen seine Heimatstadt verlassen und war zum Söldner und
Landstreicher geworden – durch ihre Forderungen unbe-
quem geworden war. Der Ratsherr Heinrich Minde, der
Onkel Gretes, verweigerte ihr das väterliche Erbteil und wies
alle ihre Ansprüche zurück. Grete überredete darauf ihren
Mann und andere Landstreicher, so berichten die Chronisten, Tangermünde in Brand zu stecken. Auf der Folter bekannte sie ihre Tat; am 22. März 1619 wurde sie zusammen
mit ihrem Mann, Tonnies Meilahn, und einem der angebli-
chen Kumpane, Merten Emmert, auf dem Scheiterhaufen
verbrannt. Die Vorgeschichte der Brandstiftung, Grete Mindes Jugend, ihr Leben mit dem Söldner und Landstreicher
Tonnies Meilahn unter ›unsicheren Leuten‹, wird in den
Chroniken nur kurz erwähnt; die Schilderung des Brandes,
der Verhöre und des Prozesses nimmt größeren Raum ein.
Otto Pniower hat in einem Aufsatz über ›Grete Minde‹ (in:
›Dichtungen und Dichter‹, Berlin 1912) nachgewiesen, welche Details (Namen der Ratsherren und der Nonnen, das
Auftreten der Puppenspieler in Tangermünde u. a.) Fontane,
ohne sich allzu ängstlich an die Chronologie der Ereignisse zu
halten, den historischen Darstellungen entnommen hat.[2] Im

2 Vgl. hierzu im einzelnen Kap. I.

Grunde lieferten sie ihm nicht mehr als das Lokal- und Zeit-
kolorit zu seiner Erzählung, und der Untertitel ›Nach einer
altmärkischen Chronik‹ ist in diesem Sinne zu verstehen.
Fontanes Interesse galt der ›psychologischen Aufgabe‹ (an
seine Frau, 11. August 1878). Er wollte darstellen, wie ein
Patrizierkind zur Brandstifterin wurde.[3] Die Grete Minde
seiner Erzählung hat mit ihrem historischen Vorbild, der
Landstreicherin, die wahrsagt, Zaubermittel verkauft und aus
der Dummheit der Leute Kapital schlägt, nichts gemein.
Als Ludolf Parisius 1879, kurz nach Erscheinen der Novelle
in ›Nord und Süd‹,[4] den Dichter über seine historischen
Untersuchungen unterrichtete (er wies anhand von Prozeß-
akten nach, daß das Eingeständnis der Brandstiftung nur
durch die Folter erpreßt worden war, und veröffentlichte
1883 seine Ehrenrettung Grete Mindes in den ›Bildern aus
der Altmark‹),[5] schrieb Fontane an seine Frau: ›In "Grete-
Minde"-Angelegenheiten empfing ich einen sehr interessanten Brief von Stadtgerichtsrat Ludolf Parisius [. . .]; er enthält
ein freundliches Wort; *das* aber, um was es sich handelt, hat
mit meiner Novelle nur mittelbar zu tun‹ (15. Juni 1879).[6]
Den Plan, der zweiten Auflage von ›Grete Minde‹ (1887) ein
Vorwort voranzustellen, das offenbar die Dichtung von der
Historie abgrenzen sollte, gab Fontane schließlich auf. Seine
Suche nach einer ›interessanten Notiz‹ von Parisius über
›Grete Minde‹ in der ›Vossischen Zeitung‹ blieb erfolglos,
und so bat er Wilhelm Hertz, ›die gute "Grete Minde" nun
doch noch *ohne* Vorwort erscheinen zu lassen. Alle Bemü-

---

3 Vgl. Pniower, S. 301.
4 Zum Vorabdruck der Novelle in »Nord und Süd« s. Kap. III.
5 Zu Parisius s. Kap. V,2 und Franz Brümmer, »Lexikon der deutschen Dichter
und Prosaisten vom Beginn des 19. Jahrhunderts bis zur Gegenwart«, Leipzig
[6]1913, Bd. 5, S. 228.
6 In der kurzen Vorbemerkung zum Anmerkungsteil der Nymphenburger-
Ausgabe wird Parisius als eine der Hauptquellen Fontanes verzeichnet. Nach
der zitierten Briefstelle dürfte Fontane jedoch vor Veröffentlichung seiner
Novelle mit Parisius keinen Kontakt gehabt haben, und über einen Vorabdruck von Parisius' Untersuchung ist nichts bekannt. Vgl. zu dieser Frage
auch Aufbau-Ausgabe, Hanser-Ausgabe, Pniower und Scholz.

hungen sind gescheitert, und sie durch weitere Wochen hin
fortzusetzen, *so* viel ist die Geschichte nicht wert. [. . .]‹
(9. August 1887).«[7]

> Romane und Erzählungen in acht Bänden. Hrsg.
> von Peter Goldammer, Gotthard Erler [u. a.]. Ber-
> lin/Weimar: Aufbau-Verlag, 1969. Bd. 3 bearb. von
> Anita Golz. S. 515–517. [Zit. als: RuE.]

Auf Bühnenbearbeitungen des historischen Falles weist HAR-
VEY W. THAYER hin:

> »Fontanes Novelle scheint die einzige erzählerische Behand-
> lung dieses Themas zu sein. Laut der ›Magdeburger Zeitung‹
> vom 21. April 1902 wurde einige Jahre zuvor ein Stück unter
> dem Titel ›Grete Minde, oder der Brand von Tangermünde‹
> aufgeführt. Sonst inszenierten die Bürger von Tangermünde
> im Sommer 1902 ein Trauerspiel in fünf Akten (›Grete Min-
> den‹) von Hans Koch (Pseud. Horst Waldheim), der die Dar-
> stellung von Parisius [1883] als Vorlage benutzt hatte. Die
> Absicht, ›Grete Minden‹ (wie den berühmten ›Meistertrunk‹
> in Rothenburg) als ein jährliches Festspiel zu inszenieren,
> wurde heftig bekämpft, vermutlich deswegen, weil das
> Thema als patriotisch ungeeignet galt.«

> Theodor Fontane: Grete Minde. Hrsg. von Harvey
> W. Thayer. New York: Holt, [2]1923. S. xxiv.
> [Leicht gekürzt und übers. von F. Betz.]

Laut Auskunft des Magdeburger Stadtarchivs enthält die von
Thayer angeführte Nummer der »Magdeburgischen Zeitung«
keinen Artikel über die Bühnenbearbeitung der Geschichte
von Grete Minde. Zu Johannes Rudolf Koch (Pseud. Horst
Waldheim) vgl. Brümmer ([6]1913), Bd. 4, S. 41, dort auch die
Angaben: »Grete Minden (Ein Trauerspiel-Versdrama)«,
1897; 2. Auflage unter dem Titel »Grete Minden (Altmärkisches Volksspiel der Stadt Tangermünde)«, 1902. Zu diesem
Volksspiel vgl. auch Däther, S. 7.

---

7 Zur 2. Auflage (1887) s. Kap. III, dort auch briefliche Zeugnisse Fontanes zur
  Entstehungs- und Druckgeschichte der Novelle.

III. Entstehungs- und Druckgeschichte

Zur Entstehungsgeschichte schreibt HELMUTH NÜRN-
BERGER:

»Wann F. zuerst den Gedanken faßte, die Geschichte der
Brandstifterin von Tangermünde in einer Novelle zu formen,
ist nicht bekannt, auch von einer unmittelbaren Anregung,
wie sie sich für mehrere seiner epischen Werke durch Erzählungen oder Aufzeichnungen von Bekannten ergab, wissen
wir nichts. Gewiß ist, daß er sogleich nach Abschluß der
Arbeit an ›Vor dem Sturm‹, also in der zweiten Hälfte des
April 1878, begann, sich ernstlich mit ›Grete Minde‹ zu
beschäftigen, und zwar entschied er sich für diese Arbeit,
obwohl er lieber einen großangelegten Berliner Gesellschafts-
roman – gemeint ist ›Allerlei Glück‹ – vorangetrieben hätte.
Er wünschte, die Wirkung seines ersten Romans auf die
Öffentlichkeit abzuwarten, ehe er einen zweiten zu schreiben
begann, handelte also aus einem genauen Kalkül; sicherlich in
dem Bewußtsein, daß es sich um eine nicht unwichtige Wei-
chenstellung handelte, denn er fühlte sich nach dem Verzicht
auf die Stellung des Akademiesekretärs 1876 nun endgültig als
freier Schriftsteller, und wenn er ›Vor dem Sturm‹ auch schon
in diesem Zeichen abgeschlossen hatte, so war ›Grete Minde‹
doch das erste epische Werk, das er in der neuen, risikobela-
denen Freiheit begann. Offenbar hatte er sich den Stoff schon
länger vorgemerkt – in einem Brief vom 11. Juni 1878 an seine
Frau nennt er ihn die ›Novelle 1‹ [RuE III,525] –, sonst hätte
er ihn nicht in der geschilderten Übergangssituation begonnen, und zweifellos hat er sich ihm, nachdem er entschieden
war, mit ganzer künstlerischer Kraft zugewandt und bis
zum Abschluß seines Vorhabens um eine optimale Verwirk-
lichung gerungen. Wenn ›Grete Minde‹ von der Kritik zunächst sehr günstig aufgenommen, im Laufe der Jahrzehnte
und bis in unsere Gegenwart jedoch zunehmend distanzierter
beurteilt wurde,[1] so trifft solches Schwanken des Urteils

1 Vgl. Kap. IV.

jedenfalls nicht auf F.s Verhältnis zu diesem Werk zu; er hat
sich vielmehr jederzeit, und von seinem Standpunkt sicher
nicht unberechtigt, zu ihm bekannt.[2]

Erste Eindrücke ergaben sich vermutlich auf der Reise F.s mit
Wilhelm Lübke nach Arendsee, Salzwedel, Stendal, Tangermünde und Jerichow vom 23.–27. September 1859, über die
Lübke in seinen ›Lebenserinnerungen‹ berichtet hat.[3] Auch
der Aufenthalt in Dobbertin im August 1871 trug zur späte-
ren Darstellung des geplanten ›Sittenbildes‹ bei, wie der [. . .]
Brief [Fontanes] an Césaire Kardinal Mathieu vom 5. Oktober 1871 zeigt.[4] Wie [Hermann] Fricke mitteilt ([»Theodor
Fontane] Chronik [seines Lebens«, Berlin-Grunewald 1960],
S. 58), unternahm F. sodann Ende April 1878 eine ›Reise
nach Tangermünde zu Ortsstudien für die Novelle "Grete
Minde"‹. Über die ›Parforce-Tour‹ nach Tangermünde im
Juli 1878 gibt ein Brief an den Sohn Theo humoristisch Auskunft [11. Juli 1878]. Dieser Brief erweckt allerdings den Eindruck, als habe F. damals seit längerer Zeit zum ersten Mal
wieder in der Stadt geweilt; auch geht aus dem Brief F.s an
Paul Lindau vom 6. Mai 1878 [vgl. S. 33][5] hervor, daß der
Dichter seine Novelle ursprünglich in Salzwedel anzusiedeln
gedachte. Jedenfalls hat F. sich mit den lokalen Vorausset-
zungen genau vertraut gemacht, und in einem Brief an Lindau
vom 23. Oktober spricht er ausdrücklich davon, daß er sich
›die Scenerie (Tangermünde etc.) der Lokaltöne halber, die so
wichtig sind, zweimal angesehen habe‹. Eine Anzahl überlie-
ferter Skizzen und Notizen, wie sie zuerst von Rost veröffentlicht wurden und nun ausführlich in der Ausgabe des
Aufbau-Verlags dargeboten sind,[6] zeigt deutlich, wie genau
F. es mit dem historischen und kulturhistorischen Hinter-

---

2 Siehe Fontanes Briefe.
3 Vgl. die Ausführungen von Golz in Kap. II.
4 W IV 2,388.
5 Lindau hat im Mai 1878 »Grete Minde« zum Vorabdruck in der von ihm
  herausgegebenen Berliner Monatsschrift »Nord und Süd« angenommen. Zum
  Vorabdruck s. S. 31, 33 sowie Kap. IV,3 (Konieczny).
6 Vgl. Rost, S. 102–106 und S. 152; RuE III,517–524. Aus Platzgründen wird
  hier auf einen Wiederabdruck dieser Entwürfe verzichtet.

grund nahm, wie gründlich er sich seiner Anschauung der
Dinge vergewisserte, um die Illusion eines glaubwürdigen
Zeitbildes darbieten zu können. Übrigens mögen auch frühe
Eindrücke von allgemeiner Bedeutung gewesen sein; vgl.
›Von Zwanzig bis Dreißig‹, das Kapitel über die Reise nach
England, die mit dem Flußdampfer ›Courier‹ begann: ›Die
Elbfahrt nach Hamburg ist langweilig; nur bei Tangermünde,
wo Reste einer aus den Tagen Karls IV. herstammenden Burg
aufragen, belebt sich das Bild ein wenig [. . .] und glitt den
schönen Strom [. . .] hinunter‹ [W III 4,299].«

> Werke, Schriften und Briefe. Hrsg. von Walter Kei-
> tel und Helmuth Nürnberger. München: Hanser,
> 1962 ff. Abt. 1: Sämtliche Romane, Erzählungen,
> Gedichte, Nachgelassenes. Bd. 1. 2., revid. und in
> den Anm. erw. Aufl. 1970. S. 873 f. [Zit. als: W.]

Zur Druckgeschichte führt ANITA GOLZ aus:

»Am 28. März 1879 schickte Fontane ›nach Durchsicht der
Fahnen dieselben‹ an die Redaktion von ›Nord und Süd‹
zurück. Der Vorabdruck von ›Grete Minde‹ erschien im Mai-
und Juni-Heft dieser Monatsschrift:[7] Kapitel 1–13 (Bis: Denn
daß er kommen würde, das wußte sie): Heft 26, S. 147–186,
Kapitel 13 (Schluß) – 20: Heft 27, S. 285–315.
Nach Abschluß des Vorabdruckes wandte sich Fontane
erneut an Hertz,[8] um die Verhandlungen über die Buchausgabe wiederaufzunehmen. Am 18. Juli 1879 schrieb er seinem
Verleger aus Wernigerode: ›Ich würde mich sehr freuen,
wenn die Novelle – ähnlich etwa wie vor zwei, drei Jahren
Storms "Aquis submersus" – als ein hübsches kleines Weih-
nachtsbuch erscheinen könnte. Was denken Sie darüber? Zu
kurz für solche Separat-Publikation erscheint mir die Arbeit
nicht, und ich würde nur dann die Lust dazu begraben resp.

---

7 Diese literarische Zeitschrift hatte nach Eva D. Becker eine Auflage von unge-
fähr 10000, vgl. »›Zeitungen sind doch das Beste.‹ Bürgerliche Realisten und
der Vorabdruck ihrer Werke in der periodischen Presse«, in: Gestaltungsge-
schichte und Gesellschaftsgeschichte. Literatur-, kunst- und musikwissen-
schaftliche Studien«, hrsg. von Helmut Kreuzer, Stuttgart 1969, S. 388.
8 Vgl. Fontanes Briefe vom 9. und 10. Mai 1878, S. 33 f.

vertagen, wenn Sie mir schrieben: aussichtslos!‹ Hertz ›ver-
tagte‹ die Buchausgabe,[9] und obwohl Fontane verärgert war,
lehnte er das Anerbieten von Ludwig Pietsch ab, der sich um
die Aufnahme ›Grete Mindes‹ in die Paetelsche Miniatur-
bibliothek (in der 1877 Storms ›Aquis submersus‹ erschienen
war) bemühen wollte. ›Es ist mit dem Verleger, den man hat,
wie mit der Frau, die man hat – man muß sich eben mit ihnen
einzurichten suchen. Ich kann wegen eines bloßen: "es wäre
mir lieb, wir warteten bis nächstes Jahr" nicht gleich die Zelte
abbrechen. Außerdem weiß ich aus vieljähriger Erfahrung
nachgerade nur zu gut, daß es Unsinn ist, von zuletzt doch
nur kleinen Einzelheiten irgend etwas zu erwarten. Mit 59 hat
man überhaupt gar nichts mehr zu erwarten als Rückzug‹ (an
Pietsch, 13. September 1879).
Der Vertrag über die Buchausgabe wurde am 28. Juli 1880
abgeschlossen [. . .]. Die Auflagenhöhe betrug 500 Exem-
plare, als Honorar erhielt Fontane ganze 300 Mark.
Mit dem Druck von ›Grete Minde‹ wurde im August 1880 in
der Weimarer Hofdruckerei begonnen. Der Dichter las in
Wernigerode Korrektur. Am 12. August schrieb er an seine
Frau: ›Von Herrn Hertz empfing ich heut einen sehr liebens-
würdigen Brief, zugleich aus Weimar den 1. Korrekturbogen
von "Grete Minde". Mir brummt der Kopf.‹
Am 20. September war die Auflage ausgedruckt, Autor und
Verleger kamen jedoch überein, ›noch vier, fünf Wochen‹ zu
warten (Fontane an Hans Hertz, 20. September 1880), und so
wurde das Buch erst Anfang November ausgeliefert.
1884 nahm Paul Heyse die Novelle in seine Ausgabe des
›Neuen Deutschen Novellenschatzes‹ (Band 5, S. 107–239)
auf; 1888 erschien die zweite Auflage der Einzelausgabe bei
Wilhelm Hertz.«

RuE III,526–528.

---

9 Vgl. den Brief von Hertz (19. Juli 1879) sowie Fontanes Antwort (21. Juli
  1879) in Fontanes »Briefen an Wilhelm und Hans Hertz 1859–1898«, hrsg.
  von Kurt Schreinert [u. a.]. S. 496, 217.

Im folgenden werden briefliche Äußerungen Fontanes zur
Entstehung, Veröffentlichung (Vorabdruck, Buchausgabe,
Wiederabdruck im »Neuen Deutschen Novellenschatz«,
2. Auflage) und Rezeption von »Grete Minde« angeführt.

An Paul Lindau, 6. Mai 1878:

»Ich habe vor, im Laufe des Sommers eine altmärkische
Novelle zu schreiben. Ort: Salzwedel; Zeit 1660; Heldin:
Grete Minde, Patrizierkind, das durch Habsucht, Vorurteil
und Unbeugsamkeit von seiten ihrer Familie, mehr noch
durch Trotz des eigenen Herzens, in einigermaßen großem
Stil, sich und die halbe Stadt vernichtend, zugrunde geht. Ein
Sitten- und Charakterbild aus der Zeit nach dem Dreißigjährigen Kriege. Würden Sie geneigt sein, diese Novelle zu bringen? auch dann noch, wenn die Länge derselben ein Servieren
in *zwei* Nummern, was Sie nicht lieben, erheischen oder
wenigstens wünschenswert machen sollte. Viel unter fünf
Bogen kann es nicht werden.«

> Theodor Fontane. Hrsg. von Richard Brinkmann
> und Waltraud Wiethölter. München: Heimeran,
> 1973. (Dichter über ihre Dichtungen.) Bd. 2.
> S. 244 f.

An Wilhelm Hertz, 9. Mai 1878:

»Und so möcht' ich denn einen Novellenband (*zwei* längere
Novellen) zwischenschieben. Eine davon, nach eben empfan-
gener Zusage, wird Lindau in seinem ›Nord und Süd‹ veröf-
fentlichen, [. . .]. Bliebe nur noch für die Buchausgabe zu
sorgen. Könnten Sie sich entschließen zu Weihnachten 79
diesen Novellenband zu publiciren, und mir, bei 1500 Exem-
plaren, ein Honorar von 500 rtl. für denselben zu bewilligen?
Ausdehnung des Bandes 250 bis 300 Seiten, ein Drittel der
Länge meines gegenwärtig im Druck befindlichen Romans.«

> Theodor Fontane: Briefe an Wilhelm und Hans
> Hertz 1859–1898. Hrsg. von Kurt Schreinert und
> Gerhard Hay. Stuttgart: Klett, 1972, S. 189.

An Wilhelm Hertz, 10. Mai 1878:

»Drei Novellen sind besser als zwei, aber *eine* würde vielleicht noch wieder besser sein als drei. Ich hätte der für ›Nord und Süd‹ bestimmten (ein brillanter historischer Stoff) gern diese größere Ausdehnung gegeben; aber mit Rücksicht auf Lindau, der ein geschworener Feind von dem ›Fortsetzung folgt‹ ist, hab ich mich, gegen Gefühl und bessere Einsicht, zu Comprimirung entschlossen. Halten Sie, nach Ihren Erfahrungen, das Erscheinen eines solchen kleinen einbändigen Romans – denn ein solcher würd' es werden – für etwas Glückliches, so sprech' ich noch mit Lindau, der kein Uebelnehmer ist, darüber, suche mir ein andres Blatt und gebe der Arbeit die ursprünglich von mir gewollte Gestalt.«

> Theodor Fontane. Hrsg. von Richard Brinkmann
> und Waltraud Wiethölter. München: Heimeran,
> 1973. (Dichter über ihre Dichtungen.) Bd. 2.
> S. 245.

An seine Frau, 11. August 1878:

»Meine Novelle hab' ich angefangen und sehe wenigstens, daß es geht. Bleibt mir Kraft und Gesundheit, so muß es etwas Gutes werden. Zugleich hoff' ich, den Leuten zu zeigen, daß ich auch, wenn der Stoff es mit sich bringt, eine ›psychologische Aufgabe‹ lösen und ohne Retardierung erzählen kann.«

> Ebd. S. 246.

An Klara Stockhausen, 10. September 1878:

»Längst hätt' ich geschrieben [. . .], wenn ich nicht in der Weißgluthitze der Arbeit gewesen wäre. Seit gestern Abend hat nun ›Grete Minde‹, meine neue Heldin, Ruhe, ruht, selber Asche, unter der Asche der von ihr aus Haß und Liebe zerstörten Stadt, [. . .].«

> Ebd. S. 247.

An Paul Lindau, 15. September 1878:

»Meine für ›Nord und Süd‹ bestimmte Novelle ist im Brouil-
lon fertig, etwa ebenso lang wie Wilbrandts, eher kürzer.
Wollte Gott, daß sie an Wert ihr wenigstens annähernd gleich
käme.«[10]

Ebd. S. 247.

An Paul Lindau, 23. Oktober 1878:

»›Grete Minde‹ lagert seit zwei Monaten, und noch in *dieser*
Woche nehme ich die Überarbeitung auf. Das meiste ist so
gut wie fertig, etwa ein Drittel aber *sehr* unfertig. Werd ich
nicht krank [. . .], so denk ich Ihnen die Novelle spätestens
Ende November schicken zu können. Ich würde mich
freuen, das neue Kalenderjahr damit eröffnet zu sehen. Es ist
ein brillanter Stoff; möcht ich ihm einigermaßen gerecht
geworden sein. Übrigens nichts spezifisch Märkisches, trotzdem ich mir die Szenerie (Tangermünde etc.) der Lokaltöne
halber, die so wichtig sind, zweimal angesehen habe. Es ist
ein ›Charakterbild‹.«

Ebd. S. 247.

An Friedrich Wilhelm Holtze, 10. Januar 1879:

»Mehrere Bücher, die ich noch von Ihnen habe, erfolgen mit
Nächstem zurück, denn die Arbeit, zu der ich diese Tanger-
mundensiana brauchte, ist in acht Tagen fertig.«[11]

Ebd. S. 248.

An Paul Lindau, 26. Januar 1879:

»Die Novelle, deren letzte Seiten meine Frau eben abschreibt,
erhalten Sie in etwa 8 Tagen, da ich auch die Abschrift noch

---

10 Zu den Novellen Adolf Wilbrandts, die nach 1877 in »Nord und Süd«
  erschienen, vgl. Konieczny, S. 297. Wilbrandts Novellen »wurden nur in
  einer Folge dargeboten und umfaßten ca. 45 bis 56 Oktav-Seiten. Fontanes
  Novelle fällt in diesem Punkte nicht aus dem Rahmen. Sie nimmt in [. . .]
  ›Nord und Süd‹ 69 Seiten in Anspruch« (ebd., S. 25).
11 Vgl. Kap. II.

wieder überarbeiten und allem den letzten Schliff geben muß.
Ich hab es gearbeitet wie seinerzeit Verse, als ich solche noch
schrieb.«

Ebd. S. 248.

An Mathilde von Rohr, 3. Februar 1879:

»[. . .] In Gedanken und selbst in Gesprächen hab ich, während der letzten Monate, Dobbertin öfters vor Augen gehabt.
In meiner neusten Arbeit kommen ein paar Kapitel vor,
worin Sie namentlich die alte Domina v. Quitzow wieder-
erkennen werden; es sind vollständige Stifts- und Kloster-
kapitel.«[12]

Ebd. S. 248.

An Gustav Karpeles, 5. Februar 1879:

»Mich nimmt noch immer meine für ›Nord und Süd‹ bestimmte Novelle *total* in Anspruch. Auch die Korrektur der
Abschrift, bei der ich jetzt bin, ist noch wieder eine wochen-
lange Arbeit. Ich bin nun mal ein Bastler und Pußler und kann
es nun nicht mehr los werden. Aber etwa am 15. bin ich
wirklich fertig.«

Ebd. S. 249.

An Paul Lindau, 5. März 1879:

»Eben hab' ich die größere Hälfte der Correcturfahnen (13 ⅓)
nach Breslau hin zur Post gegeben. Wenn es dabei bleibt, daß
eine Theilung stattfinden soll – und ich wiederhole daß ich
Ihnen, mich unterordnend, keine Schwierigkeiten machen
will – so ist dieser mitten durch das 13. Kapitel ›*Flucht*‹ gezo-
gene Strich die beste Trennungslinie.[13] Einen dringenden
Wunsch hab ich aber noch, den, daß mir noch eine Revision
zugeht. Ich habe ziemlich viel hineincorrigirt, und möchte
mich überzeugen, daß man sich in dem Randgekritzel (die
Ränder waren zu schmal; ich hatte keinen Platz) auch wirklich zurecht gefunden hat. Eine gleichlautende Bitte hab ich

12 Vgl. Kap. I, Anm. zu 82,18.
13 Vgl. Kap. I, Anm. zu 62,17.

zwar schon direkt an die Druckerei gerichtet, bin aber nicht sicher daß man sie mir erfüllt. Und so wäre mir denn ein von Seiten der Redaktion ausgehender Druck sehr erwünscht. Nachdem ich mich so sehr mit der Sache gemüht, möcht ich diese Mühen nicht zuletzt noch scheitern sehn. Zwei, drei große Blunder würden dies aber zu Wege bringen.«

W IV, 3,15.

An seine Frau, 6. [Juni] 1879:

»Gegen mich persönlich war er[14] sehr gnädig, was ich zum Theil auch ›Grete Minde‹ verdankte, die er den Tag vorher gelesen hatte. [. . .]
Heute vormittag war ein Klingeln ohne Ende. Erst ein Buch von R. Genée,[15] gescheidter aber unbequemer und wenig angenehmer Mann; dann Brief und Aufsatz-Packet von Wichmann,[16] der in seinem märkischen Schlaubergerthum fortfährt; dann Billet von Frau v. Heyden,[17] Einladung mit Martha zum Sonntag; dann Brief von Pietsch,[18] den ich beischließe; dann *vier*stündiger Besuch, von halb zwölf bis halb vier, von Redakteur Dominik,[19] der im Auftrage Hallbergers[20] kam. Natürlich alles Folge von ›Grete Minde‹, speziell auch von den kleinen Notizen darüber in der Vossischen.[21] So erfreulich dies nun alles ist, so traurig ist es doch auch. Vor allem aber ist es *nicht im Geringsten* schmeichelhaft. Denn

14 Gemeint ist Rudolf Kögel (1829–96), seit 1863 Hof- und Domprediger in Berlin, seit 1880 Oberhofprediger.
15 Rudolf Genée (1824–1914), Theaterhistoriker, Dichter und Journalist.
16 Hermann Wichmann (1823–1905), Musikdirektor und Schriftsteller.
17 Josephine; Frau von August von Heyden (1827–97), Historienmaler, der Mitglied der literarischen Gesellschaften des ›Tunnels‹ und des ›Rütli‹ war.
18 Ludwig Pietsch (1824–1911), Journalist, Reise- und Kunstkritiker der »Vossischen Zeitung« (Berlin).
19 Emil Dominik (1844–96), 1879–85 Schriftleiter der Zeitschrift »Der Bär« (Berlin), Verleger der Buchausgabe von Fontanes Roman »Cécile« (1887) sowie der »Gesammelten Romane und Novellen« Fontanes (1891).
20 Eduard Hallberger (1822–80), Verlagsbuchhändler und Verleger der Stuttgarter Wochenschrift »Über Land und Meer«.
21 Nicht ermittelt, vgl. aber die Besprechung der Buchausgabe in der »Vossischen Zeitung« vom 5. Dezember 1880 in Kap. IV,1.

man bilde sich doch nicht ein, daß diese Huldigungen dem
Talente gölten, daß dahinter die klare und freudige Erkennt-
niß steckte: ›dies ist *wirklich* ein Poet.‹ Gott bewahre. Die
Huldigung gilt nur dem kleinen Erfolg, und um allerhand
dumme Weiber, die mit Hülfe von Keil,[22] Dummheit und
Compagnie ganz andre Erfolge haben wie ich, reißt man sich
auch noch ganz anders. Es ist alles allergröblichstes Ge-
schäft.«

> Theodor Fontane. Hrsg. von Richard Brinkmann
> und Waltraud Wiethölter. München: Heimeran,
> 1973. (Dichter über ihre Dichtungen.) Bd. 2.
> S. 249 f.

An seine Frau, 11. Juni 1879:

»Was Grete Minde angeht, so verlangst Du zuviel; ich kann
nicht täglich ein Bewunderungstelegramm empfangen. Im
Ganzen muß ich mit diesem Novellen-Debüt *sehr* zufrieden
sein. An Heydens hab ich es noch nicht gegeben, werd' aber
nächstens. Es versteht sich von selbst, daß die Freunde die
einzigen sind, die es entweder noch nicht gelesen haben, oder
wenigstens sich wieder aufs schweigen legen. Ich bin jetzt so
weit, und Du wirst es mir vielleicht glauben, daß es mich
amüsirt. Z[öllner][23] sagte nach halber, d. h. in Wahrheit nach
Viertel- oder Sechszehntel-Lesung ›is ganz hübsch, Noel‹.[24]
Ich will ihm auch *dafür* schon dankbar sein, weil sich doch
eine Art von Freundlichkeit darin ausspricht. Er meldet sich;
er giebt ein Lebenszeichen. Au fond ist es aber doch *besonders* traurig. Es erwächst nämlich alles aus der Vorstellung,
daß ich mit einem Dreier abzuspeisen bin; Ludowika[25]

---

22 Ernst Keil (1816–78), Herausgeber der Familienzeitschrift »Die Garten-
    laube« (Leipzig), weitverbreitet vor allem wegen der Marlitt (Eugenie John)
    und Wilhelmine Heimburg (Bertha Behrens).
23 Karl Zöllner (1821–97), Jurist, 1876 als Nachfolger Fontanes Erster Sekretär
    der Akademie der Künste in Berlin, Tunnel-, Rütli- und Ellora-Mitglied.
24 Noel: Beiname Fontanes im Freundeskreis der Ellora.
25 Ludovika Hesekiel (1847–89) hat, wie ihr Vater, George Hesekiel (1819–74),
    historische Romane vor allem aus der brandenburgisch-preußischen Ge-
    schichte verfaßt.

schreibt eine Novelle, Frau v. Below[26] schreibt eine Novelle, Noel schreibt eine Novelle. Novelle ist Novelle, d. h. gar nichts, etwas unsagbar Gleichgültiges und Ueberflüssiges. Daß dies ein Kunstwerk ist, eine Arbeit, an der ein talentvoller, in Kunst und Leben herangereifter Mann fünf Monate lang unter Dransetzung aller seiner Kraft thätig gewesen ist, davon ist nicht die Rede. Es ist so furchtbar *respektlos*, [. . .].«

Ebd. S. 250 f.

An Otto Schroeder, 16. Juni 1879:

»Wie für Ihren ersten, so auch für diesen zweiten Brief meinen allerschönsten Dank; es thut ja schon wohl aufmerksam gelesen zu werden. Vielleicht ist der ›aufmerksame *Leser*‹ überhaupt der schmeichelhafteste, viel schmeichelhafter als der ›wohlwollende‹, den in der Regel der Teufel holen mag. Mein Dank erfährt auch durch etwas Bockigkeit, auf die Sie diesmal stoßen werden, keine Abzüge. Die ersten 4 Zeilen werd' ich wohl so nehmen wie Sie sie proponieren. Ich fand das Lied in ›v. Erlachs Volkslieder der Deutschen; Mannheim 1834‹, eine Rückert, Tieck und Uhland gewidmete Sammlung. Es heißt darin S. 26

> Den liebsten Bulen den ich hab,
> Der liegt beim Wirth im Keller,
> Er hat ein hölzins Röcklin an
> Und heißt der Moskateller, –

eine Version, die hinter Ihrer zurückbleibt.[27] Ueber ›hölzins Röcklin‹ und ›hölzens Röcklein‹ ließe sich streiten, doch geb' ich dem moderneren den Vorzug. Es wirkt für unser Ohr natürlicher, ungesuchter. ›Han‹ für ›hab‹ ist eine entschiedene Verbesserung, denn nicht blos, daß ›der Reim‹ gewahrt bleibt, das fünffache Schluß-n in einer Zeile ist eine sprachlich-musikalische Schönheit. Moskateller ist out of question; das o wirkt roh, ordinär.
Daß ich die Nominativ-Form nahm – was mir poetisch gleich

26 Clara von Below, geb. Müller, Stiefschwester von Fontanes Frau.
27 Vgl. Kap. I, Anm. zu 77,26 ff.

ungerechtfertigt erschien – geschah mit Rücksicht auf die *Wiederholung* im Munde des Puppenspiel-Direktors. Hier wollte mir der Accusativ nicht recht passen und so transponierte ich's. Wenn mich mein Gedächtnis nicht täuscht, erst bei der ›Correktur‹, zu deren berechtigten Eigenthümlichkeiten es ja gehört, daß dem Ganzen zu gute kommende Verbesserungen mit Verschlechterungen im Einzelnen erkauft werden.

Die drei Schlußzeilen kann ich aber nicht acceptiren. Ich habe über ›Aechtheit‹ und ›Urform‹ von Volksliedern – mit denen ich mich zwar nicht wissenschaftlich, aber aus poetischer Neigung von Jugend auf beschäftigt habe, namentlich mit den englischen und schottischen – *höchst* ketzerische Ansichten; könnt' ich aber auch widerlegt und zur Gläubigkeit an diese oder jene Form bestimmt werden, so würden doch auch die bewiesensten Formen noch immer keine bindende Kraft für mich haben. Denn ich citire ja alles nur um Ton und Stimmung willen, die mirs in *dieser* Zeile rathsam machen der überlieferten Form mich anzuschließen, und in *jener* Zeile mir anempfehlen, mich von ihr zu entfernen. Wer eine feine Zunge für derlei Dinge hat, wird in der Regel das Alte beibehalten, weil es fast immer das Bessere ist. Denn das Aeltere ist *an sich* schon auf dem Wege das Bessere zu sein. Aber wer andere als wissenschaftliche Zwecke verfolgt, darf sich auch andrerseits nicht die Hände binden lassen und muß es vor allem vermeiden, seinen überfeinten Geschmack in Widerspruch mit dem Geschmack des Publikums zu bringen, für das er schreibt, selbstverständlich vorausgesetzt daß es sich um ein *gutes* Publikum handelt. Die mannigfachen sogenannten ›Aechtheitszüge‹ alter Lieder sind mitunter sehr schön, aber mitunter auch ganz und gar nicht. Die Menschen irrten damals gerade so gut wie jetzt, und die falschen Naivetäten, die nichts sind als Blunder und Ungeschicklichkeiten, such' ich zu beseitigen. Womit ich aber nicht behauptet haben will, in dem vorliegenden Fall etwas Gutes an die Stelle gesetzt zu haben. Nur *das* behaupte ich, daß der sogenannte ›gebildete

Leser‹ über meine Version ungestört wegliest, bei der ächten
Lesart aber ein lautes oder stilles ›Nanu‹ auf der Lippe hat.
Und von Rechts wegen.«

Ebd. S. 251–253.

An Wilhelm Hertz, 2. November 1880:

»Das kleine Buch ist sehr hübsch und ich habe den herzlichen
Wunsch, daß es das Publikum einigermaßen auch finden
möge.«

Ebd. S. 256.

An Mathilde von Rohr [wahrscheinlich Dezember 1880]:

»[. . .] Grete Minde ist vor einigen Wochen bei Hertz erschienen und die Kritik nimmt sich der kl. Arbeit wieder freundlich an. Aber ich habe in liter. Dingen kein Glück, und werde
schließlich wieder froh sein müssen, wenn sich die Auflage
einigermaßen verkauft. Und ich bin an Nicht-Erfolge so
gewöhnt, daß ich's kaum noch anders wünsche.«

Ebd. S. 256.

An Wilhelm Hertz, 20. Januar 1881:

»Ich hab auch noch für gelegentliche Zuschickung von
Rezensionen zu danken. Die letzte (Nordd. alg. Ztg.) war
sehr freundlich. Wenn es nur was hülfe!«[28]

Ebd. S. 256.

An Wilhelm Hertz, 29. Januar 1881:

»Freund Lübke hat vor, über ›Grete Minde‹ ein Artikelchen
für die Augsburger Allgemeine zu schreiben[29] und fragt bei
mir an, ob diese Zeitung schon ein Rezensions-Exemplar
erhalten habe? [. . .] Die ›Augsburgerin‹ spielt ja immer noch
ihre Rolle, so gleichgültig die ganze Rezensirerei im Großen
und Ganzen auch geworden ist. [. . .]

28 Vgl. Kap. IV,1.
29 Lübke hat »Grete Minde« erst gegen Ende des Jahres zusammen mit der
   Buchausgabe (Oktober 1881) von »Ellernklipp« besprochen, vgl. Kap. IV,1.

Lübke *selbst hat* ein Exemplar; es handelt sich also nur um die
bekannten Honneurs vor d. Chefredakteur.«

Ebd. S. 257.

An seine Frau, 24. August 1883:

»Die Sache mit Paul Heyse hab ich mir inzwischen anders
überlegt. Es liegt mir offengestanden an der Ehre da auch mit
eingepackt[30] und als deutscher Novellist proklamirt zu werden, nicht das Geringste. Es ist mir zu wenig. Und um etwas
zu erzielen, das mir absolut gleichgültig ist, soll ich an Hertz
schreiben und ihn bitten, *mir zu Gefallen* die Erlaubniß zu
geben, *mir* zu Gefallen dem gar kein Gefallen damit ge-
schieht. Ich werde dies, wenn ich erst wieder in Berlin bin
auch ganz offen an Paul schreiben und er wird nicht unglück-
lich darüber sein.«

Ebd. S. 257.

An Wilhelm Hertz, 10. Februar 1887:

»Die Nachricht [über eine 2. Auflage der Novelle] war mir
eine große Freude, vielleicht noch größer als Sie annehmen.
Von der Einnahme will ich schweigen, wiewohl auch *das* sein
Angenehmes hat; Hauptsache bleibt, daß es das ganz danie-
derliegende Gefühl wieder ein bischen auffrischt. Meine nun
grade durch 40 Jahre hin immer gleich gebliebenen Nicht-
Erfolge, auf allen Gebieten, bei allen Firmen, würden mich
längst um einen letzten Rest von Selbstvertrauen gebracht
haben, wenn nicht die mir - ich bekenne zu meinem Staunen -
bewilligten hohen Journal-Honorare,[31] mich bei einigem
Muth erhalten hätten. Denn das Geld ist doch auch ein
Werthmesser, wenn auch freilich nicht der einzige. [. . .]

---

30 Zum Wiederabdruck von »Grete Minde« im »Neuen Deutschen Novellen-
    schatz« vgl. den »Briefwechsel zwischen Theodor Fontane und Paul Heyse«,
    S. 143–154 (Briefe vom Mai 1883 bis April 1884), sowie die Anmerkungen zu
    diesen Briefen; ferner Heyses Vorwort zu dem Wiederabdruck (Kap. IV,1).
31 Im Vergleich zu anderen zeitgenössischen Autoren (wie z. B. Heyse, Spiel-
    hagen und Storm) gilt Fontane nach Eva D. Becker (s. Anm. 7) in der Hono-
    rarfrage als »ein Schriftsteller mittlerer Anziehungskraft« (S. 393).

Mit einiger Befangenheit schreibe ich noch diese Nachschrift.
Wilhelm Lübke [. . .] theilt mir mit, daß er einen Tusch in der A[ugsburger] Allg. Ztg. vorhabe. Er steht gut mit der Zeitung und hat schon oft mein Lob eingeschmuggelt. Diesmal aber fügt er hinzu: die ganze Prozedur würde erleichtert, wenn Sie Veranlassung nehmen wollten das Buch in der A. A. Ztg. zu annonciren. Ich weiß nun nicht, ob Ihnen das paßt und noch weniger, ob Sie sich das Geringste davon versprechen, – vielleicht ist aufs *Praktische* hin angesehn, die ganze Kritik keine halbe Annonce werth. Aber angefragt wollte ich wenigstens haben, um dann an L. ein ja oder nein schreiben zu können.«[32]

Ebd. S. 258.

An Wilhelm Hertz, 8. August 1887:

»Ihre Güte wird mir freundlichst verzeihn, wenn ich, todtmüde von Arbeit [. . .] mich darauf beschränke, für Brief, Erlaubniß[33] und Geld – 500 Mark für 2. Aufl. Grete Minde – herzlich zu danken.«

Ebd. S. 260.

An Wilhelm Hertz, 15. Oktober 1887:

»Ergebensten Dank für die Frei-Exemplare von ›Grete Minde‹ die Ihre Güte gestern mir sandte. Daß das beabsichtigte Vorwort fehlt, ist mir immer wieder leid, aber es ließ sich nicht thun, da der betr: kl. Artikel nicht zu finden und der Verf: L. Parisius krank im Harz war.«[34]

Ebd. S. 261.

32 W. L., »Theodor Fontane als Erzähler«, in: »Augsburger Allgemeine Zeitung«, Nr. 165/166 vom 16./17. Juni 1887, S. 2418 f. und S. 2434 f. Vgl. auch Anm. 29. In beiden Nummern findet sich nach Schreinert/Hay (s. Anm. 9) keine Annonce (S. 531).
33 Hertz hatte Fontane die Erlaubnis für den Nachdruck von »Grete Minde« im Sonntagsblatt zum »Nordhäuser Courier« gegeben (vgl. »Briefe an Wilhelm und Hans Hertz 1859–1898«, S. 532).
34 Vgl. »Theodor Fontane«, hrsg. von Richard Brinkmann und Waltraud Wiethölter, München 1973, Bd. 2, S. 259 f., sowie Kap. II.

IV. Wirkungsgeschichte

1. Die zeitgenössische Kritik

Einen Zusammenhang zwischen der Entstehungs- und der frühen Wirkungsgeschichte von »Grete Minde« stellt CHARLOTTE JOLLES fest:

»Die Entstehungsgeschichte von ›Grete Minde‹ ist insofern interessant, als Fontane erst den Erfolg seines eben beendeten ersten großen Romans abwarten wollte, bevor er an die Ausführung des geplanten zweiten Romans (›Allerlei Glück‹) ging. So nahm er sich Novellenstoffe vor, da Journale kurze Novellen, wenn möglich ohne Fortsetzung, lieber veröffentlichten und besser bezahlten. *Adelheid Bossharts* soziologische Betrachtungen in ihrer Einführung zu den Kapiteln über ›Grete Minde‹ und ›Ellernklipp‹ sind bemerkenswert.[1] Rücksichtnahme auf Publikumsgeschmack und Journale beeinflußten auch die Gestaltung des Stoffes, da Fontane der Novelle gern größere Ausdehnung gegeben hätte. Der Erfolg gab seiner Entscheidung recht. *Herding* verzeichnet eine viel bereitwilligere Aufnahme, als ›Vor dem Sturm‹ [1878] erfahren hatte.«[2]

Charlotte Jolles: Theodor Fontane. Stuttgart: Metzler, ³1983. (Sammlung Metzler. Bd. 114.) S. 62.

Da die zeitgenössischen Kritiken sowohl bei Herding als auch in der Aufbau-Ausgabe (III,529 f.) nur erwähnt oder flüchtig zitiert werden, wird im folgenden eine umfangreiche Dokumentation vorgelegt. Für Fotokopien von Kritiken dankt der Herausgeber dem Fontane-Archiv der Deutschen Staatsbibliothek (Potsdam, DDR), der Landesgeschichtlichen Vereinigung für die Mark Brandenburg e. V. (West-Berlin), der

1 Vgl. Bosshart, bes. S. 42–44. Ausführlicher und kritischer ist die Analyse von Konieczny (s. Kap. IV,3).
2 Vgl. Herding, S. 146–148 (»Vor dem Sturm«), 149–154 (»Grete Minde«).

Staats- und Universitätsbibliothek Hamburg, der Commerz-
bibliothek der Handelskammer Hamburg, der Staats- und
Universitätsbibliothek Bremen, dem Institut für Zeitungs-
forschung der Stadt Dortmund und der Bayerischen Staatsbibliothek München.

»Im höchsten Grade anregend durch die Wahrheit der Local-
töne wie durch den Zauber einer über alles Detail ausgebreite-
ten duftigen Gesamtstimmung ist die jüngste Spende des lie-
benswürdigen Th. Fontane, ›Grete Minde‹ [. . .]. Es ist die
traurige Geschichte eines jungen Bluts, das, spanischer Herkunft, in der kalten und liebesarmen märkischen Gesellschaft
seinen unvermeidlichen Untergang findet und im Untergang
Verderben um sich her verbreitet.«

Kölnische Zeitung. Nr. 327. 24. November 1880.

»*Theodor Fontane*, der Verfasser der ›Wanderungen durch
die Mark Brandenburg‹, ließ eine Novelle ›nach einer altmärkischen Chronik‹ erscheinen: ›*Grete Minde*‹ [. . .]. Der Leser
wird nach Tangermünde und Arendsee, im Anfang des
17. Jahrhunderts geführt. Mit großer Anschaulichkeit ist
Schloß und Haus, Kloster und Garten, das Leben auf dem
Flusse und in der Schenke beschrieben. In der Feinheit der
Ausführung leistet der Dichter Vorzügliches, Glanz und
Duft breitet sich über die Gärten der Patrizier, ein schwer-
müthiger Hauch über die Kirchhöfe aus; in wechselnder
Beleuchtung, im Sonnenschein und Mondlicht, rauscht der
Fluß, zieht sich Wald und Heide scheinbar endlos hin. Die
spannende und ergreifend gelöste Verwickelung fesselt bis
zum Schluß. Den Mittelpunkt bilden Nachbarkinder: [. . .]
Ein reicher Kranz von Figuren, aus den verschiedensten Ständen, umgibt die Mittelgruppe: die Familien Minde und Zernitz, der Prediger Gigas, die alte Regine, die Domina des
Klosters und die Komödiantin Zenobia können mit den
besten Porträtköpfen großer Maler wetteifern. Poetische
Züge und sinnige Gedanken begegnen uns überall. In Anlage
und Durchführung musterhaft, nimmt ›Grete Minde‹ unter

den Werken Theodor Fontane's eine hervorragende Stelle
ein.   K. N.-St.[3]«

National-Zeitung (Berlin). Nr. 559. 28. November
1880. 1. Beiblatt.

»Diese Geschichte aus dem kleinbürgerlichen Stadtleben zur
Zeit des Durchbruchs des protestantischen Glaubens in
Norddeutschland ist einfach erzählt, bietet aber einen reichen
Schatz an poetischen und culturhistorisch-interessanten
Schilderungen. Das Lebensbild dieser Grete Minde, eines
jungen Mädchens, welches von ihrem harten Stiefbruder in
die Welt hinausgejagt wird, mit ihrem Geliebten zu umher-
ziehenden Puppenspielern geräth und endlich nach unsäg-
lichen Leiden in die Vaterstadt Tangermünde zurückkehrt, um
dieselbe in wahnsinniger Verzweiflung dem Untergange zu
weihen, zeigt dem Leser an einem erschütternden Beispiel,
wie spießbürgerliche Beschränktheit und hochmuthsvoller
Eigennutz in damaliger Zeit fast ausschließlich im bürgerlichen Stilleben regierten und freie Regungen des Herzens und
des Geistes unterdrückten. Der Charakter der Grete Minde,
welcher anfangs so sympathisch berührte entwickelt sich im
Laufe der Erzählung unter dem Einflusse der Verhältnisse
immer düsterer und schroffer, sodaß schließlich nur noch
Mitleid für die Verkommenheit des Mädchens übrig bleibt.
Der Verfasser ist in der Erzählung einer altmärkischen Chronik gefolgt und hat, wie es scheint, nur den äußeren Schmuck
hinzugethan. Deshalb berührt die Erzählung auch so lebens-
wahr, es findet sich keine Spur von romantischer Schönfärbe-
rei, wohl aber edle Poesie, welche die charakteristischen
Momente wirkungsvoll hervorhebt. Gewiß wird kein Leser
das kleine Buch aus der Hand legen, ohne eine nachhaltige,
angenehme Erinnerung an dasselbe zu bewahren.«

Hamburgischer Correspondent. Nr. 290. 5. Dezember 1880. Sonntagsbeilage.

3 Karl Neumann-Strela? (1838–1920), Journalist, Erzähler von volkstümlichen
   patriotischen Schriften.

»Von Theodor Fontane erschien so eben [. . .] ›*Grete Minde*‹ [. . .]. Der Verfasser bewährt sich in diesem einfachen und doch so eigenartig ergreifenden Culturbilde wieder als einer unserer besten Erzähler, der ohne jeden rhetorischen Aufwand nur durch die innerliche Macht und Wahrhaftigkeit seines naiven Vortrags unwiderstehlich zum Glauben zwingt. Das Motiv der Erzählung ist angeblich einer Chronik entnommen. Wir wissen nicht, wie viel die poetische Gestaltungskraft des Dichters hinzugethan, jedenfalls aber hat sie dem Stoff erst die warme lebendige Seele gegeben und ihn in seiner folgenreichen Entwicklung zur tragischen Höhe geführt. So erhalten wir ein erschütterndes Seelengemälde, an dem das Herz des Lesers mit gesteigertem Mitgefühl Theil nimmt. Die Figuren der Handlung sind ihrer natürlichen Verschiedenheit nach so fest gezeichnet wie stimmungsvoll vertieft, und Alles ist ebenso im Geist der Zeit empfunden, wie deren äußere Physiognomie klar und anschaulich vor uns tritt. Man kennt ja die seltene Begabung Fontane's, Land und Leute in ihrer Eigenart poetisch zu versinnlichen, aus seinen Wanderungen durch die Mark. Das vorliegende verwandte Büchlein ist in solcher Art ein Meisterwerk von Kunst und Dichtung, und verdient, mit gleicher Liebe gelesen zu werden, wie der Verfasser es geschrieben hat.«

Vossische Zeitung (Berlin). Nr. 49. 5. Dezember 1880. Sonntagsbeilage.

»Eine tragische Geschichte aus der Vergangenheit von Tangermünde, die poetisch fein belebt und uns menschlich nahe gebracht ist. Ein jugendliches phantasiebegabtes Mädchen, welches durch ihre Schwägerin aus dem Vaterhause getrieben wird, mit ihrem Liebsten in die Fremde flieht, aber weder Glück noch Stern hat und, als sie sich bei ihrer traurigen Heimkehr mit harter Ungerechtigkeit von jeder Thür abgewiesen sieht, im wilden Irrsinn der Rache die eigene Vaterstadt den Flammen weiht, ist die Heldin der Erzählung. Die Geschichte, deren chronikalische Treue wir weder bestreiten noch verbürgen wollen (es kommt nicht das mindeste darauf

an, ob die Erfindung dem Dichter vollständig gehört oder
von einigen historischen Facten gestützt ist), hat echte historische Farbe. Der Hintergrund läßt die wohl ausgeführten
Gestalten zu ihrem Rechte kommen, und der Leser erfreut
sich sowohl an der klaren Deutlichkeit und Anschaulichkeit
der Vorgänge und der Scenerie, wie an der künstlerischen
Feinheit des Vortrags.«

Die Grenzboten. Zeitschrift für Politik, Literatur
und Kunst (Leipzig) 39 (16. Dezember 1880) H. 51.
S. 515.

»Soeben erschien diese beste Erzählung unseres Fontane, ein
geradezu klassisches Buch, das wir schon bei seinem ersten
Erscheinen [Mai/Juni 1879 in »Nord und Süd«] begrüßten. In
der ihm von der Verlagshandlung [Berlin: Wilhelm Hertz]
gegebenen Ausstattung ist es die empfehlenswertheste Weih-
nachtsgabe dieses Jahres.«

Der Bär (Berlin). 20. Dezember 1880.

»*Theodor Fontane's Erzählungen* verdienen den Beifall, der
ihnen zu Theil wird. Sie sind keine mit fliegender Hast auf
das Papier geworfene Eintagsarbeiten, sondern Werke eines
sorgfältig feilenden Künstlers, der seine Erzählungskunst
nicht für einen Fortunasbeutel hält, aus dem er Gaben heraus-
schütten kann, die keiner Verbesserung bedürfen, sondern
unverzüglich ihre Wanderung durch die Buchhandlungen
antreten können. Seine Arbeiten verrathen ernstes Streben
und stete Selbstkritik; sein Stil ist rein, der Bau der Handlung
durchdacht, die Schilderung der Charaktere fein und lebens-
warm. Besonders schön aber ist die Zeichnung des Hinter-
grundes. Die vorliegende Erzählung ›Grete Minde‹ umfaßt
nur einen einzigen Band, ist also weit kürzer wie der bekannte
Roman ›Vor dem Sturm‹. Mit knappen Zügen giebt sie uns
die Lebensgeschichte eines mutterlosen Mädchens, das in
ihrem Daheim jener pflegenden, hegenden Liebe entbehrte,
deren Sonnenschein jede Kindesseele zu ihrer normalen Entwicklung bedarf, und die, so im Schatten erwachsend, die

Miasmen trotzigen Hasses einsaugend, zur Giftpflanze ward, die sich mit tödlichem Saft für das erlittene Unrecht rächte. Es ist eine traurige Geschichte und wird dennoch in manchen Herzen jenes eigenartige Behagen erwecken, das wir zu empfinden pflegen, wenn wir im traulichen Schutze eines warmen Zimmers einen rauhen Wind an unsere Fenster rütteln hören.«

Weser Zeitung. Morgenausgabe. Nr. 198. 21. Dezember 1880.

»*Theodor Fontane* fügte seinen die heimische und liebgewordene Mark Brandenburg beschreibenden und besingenden Schriften durch das neue Buch: ›*Grete Minde*‹ [. . .] eine willkommene Bereicherung an. [. . .] Die jetzt veröffentlichte, nicht sehr umfangreiche Geschichte versetzt den Leser in das provinziale Leben, Denken und Treiben der Mark Brandenburg vor einigen hundert Jahren. [. . .] Theodor Fontane baut den Charakter dieses Mädchens auf festem psychologischen Grunde auf und aus; er entwickelt in strenger Logik, wie das heitere und geistvolle Kind durch den geistigen und materiellen Zug der Zeit die Umwandlung in ein unglückliches, verzweifelndes Wesen erleiden mußte. [. . .] so findet sich auch auf der andern Seite dieselbe Consequenz in der Anwendung und Festhaltung des localen Tones: die Menschen, die Städte, die Landschaft, das öffentliche und stille Treiben werden, jedoch ohne Zwang, in eine wirkliche provinzliche Harmonie vereinigt, kein Zug heftet sich daran, der nicht das echte märkische Wesen der Vergangenheit abspiegelt. Bei solcher Wahrheit der Erfassung des Stoffes glaubt man gern an die Benutzung einer altmärkischen Chronik und gestattet auch die allerdings sehr vorsichtige Anlehnung an den Styl einer solchen. Doch nur das Gerippe der Handlung würde der Dichter da gefunden haben; wir nehmen das Buch lieber an als ein Product eigener Erfindung und eigener psychologischer Kunst. Ein noch weiteres Eingehen auf die Dichtung behufs der Empfehlung an gebildete Leser unterlassen wir, da die Erzählung wegen ihres Abdruckes in einer Monatsschrift

noch vor der jetzigen Ausgabe in Buchform schon ihren Kreis
von zustimmenden Beurtheilern gefunden hat.«

Hamburger Nachrichten. Abendausgabe. Nr. 305.
23. Dezember 1880.

»So bescheiden im Umfange neben seinem Roman ›Vor dem
Sturm‹ die vorliegende Novelle, so ist sie doch unstreitig das
Beste, was Th. Fontane auf belletristischem Gebiete bisher
geschaffen hat. Auf dem meisterhaft gemalten Hintergrunde
echt märkischer Landschaft, die eben nur von Fontane, dem
Historiker und Topographen der Mark par excellence, so
geschildert werden kann, spielt aus dem Volksleben unserer
Heimath gegen Ende des 16. Jahrhunderts Liebesfreude und
Liebesleid eines jungen Menschenpaares mit ebenso treuer
Nüancirung menschlichen Empfindens wie unwillkürlich
ergreifender Gewalt, vollendeter dramatischer Darstellung
sich ab. Als Idyll beginnend, in düsterer Tragik schließend
und doch ohne jeden gesuchten Effekt, bietet die Erzählung
in ihrem psychisch und logisch überall durchaus motivirten
Verlaufe eine reiche Fülle fesselnder Momente, eine überaus
anziehende Reihe gediegener Charakterbilder. Den Schauplatz seiner Erzählung hat Fontane in das altmärkische Städtchen Tangermünde verlegt, das in seiner Entlegenheit vom
großen Verkehr mit seinen reichen historischen Erinnerungen selbst wie eine romantische Ueberlieferung in die Gegenwart hineinragt.«

Norddeutsche Allgemeine Zeitung (Berlin). Morgenausgabe. Nr. 25. 16. Januar 1881.

EDUARD ENGEL (1851–1938), Herausgeber des »Magazins für
die Literatur des In- und Auslandes«:[4]

»Die Novelle ›Grete Minde‹ führt hinter dem Titel den
Zusatz ›Nach einer altmärkischen Chronik‹. Ich irre wohl

---

4 Zu dieser wichtigen Doppelbesprechung Engels vgl. Charlotte Jolles, »Dut-
zende von Briefen hat Theodor Fontane mir geschrieben . . .‹ Neuentdeckte
Briefe Fontanes an Eduard Engel«, in: »Jahrbuch der Deutschen Schiller-
gesellschaft« 28 (1984) S. 1–59 (bes. S. 2 f.).

nicht, wenn ich annehme, dass nur der Brand von Tangermünde auf Rechnung der Chronik zu setzen, alles übrige aber
der freischaffenden Phantasie Fontanes entsprungen. Und
eine schöne Geschichte ist's, in ganz eignem Stil, mit eig-
ner Charakterauffassung und liebevollstem Sinne fürs Klein-
leben. Wenn man nach den unzähligen Geschichten, in denen
die gesuchte Naivetät der Personen oft so weit geht, dass man
meint, nun fangen sie bald an Gras zu fressen, – wenn man
nach all jenen Auswüchsen der leidigen Dorfgeschichte[5] eine
so kerngesunde, im besten poetischen Sinne naive Erzählung
liest, so fühlt man dankbarlichst den Abstand zwischen den
Modeschriftstellern und den wenigen abseits von der Heeres-
strasse der sogenannten Beliebtheit sich bewegenden *vorneh-
men* Dichtern. [. . .]
›Grete Minde‹ ist eine höchst einfache Geschichte. [. . .] Das
Buch ist reich an den liebenswürdigsten Zügen, die Charak-
terköpfe Grete, Trude, Gerdt vergisst man so bald nicht wieder. Von ausserordentlicher Wirkung ist die Beschreibung
des Begräbnisses des fahrenden Gesellen Valtin im Klosterhof
der Nonnen von Arendsee, – und mit wie einfachen Mitteln
erreicht!
Wenn ich etwas an der so erfreulichen Leistung auszusetzen
hätte, so wäre es der Mangel eines einheitlichen Zeit- und
Sprachcharakters. Die Geschichte geht vor etwa 300 Jahren
vor sich: da wären manche gar zu moderne Wendungen besser vermieden worden. Auch viele am *unrechten* Orte sich
einstellenden Altertümlichkeiten der Sprache, wie z. B. das
›weilen‹ statt ›weil‹ mitten in einem sonst ganz modernen
Satzgefüge, stören einigermassen.«

> »Grete Minde« und »L'Adultera« von Theodor
> Fontane. In: Das Magazin für die Literatur des In-
> und Auslandes. Kritisches Organ der Weltliteratur
> (Leipzig) 50 (12. Februar 1881) Nr. 7. S. 97 f.

5 Zur zeitgenössischen Dorfgeschichte vgl. Jürgen Hein, »Dorfgeschichte«,
Stuttgart 1976 (Sammlung Metzler, Bd. 145), bes. S. 13, 88, 92.

»Theodor Fontanes altmärkische Novelle: ›Grete Minde‹ [...],
verdient, daß wir die Aufmerksamkeit des Publikums auf
dieses Werkchen lenken, denn die guten deutschen Novelli-
sten sind recht selten und Fontane gehört zu unseren gediege-
nen und feinen Autoren auf diesem Gebiete.
Was vor allem hier erfreut, ist die ebenso anschauliche, wie
stimmungsvolle Malerei märkischen Naturlebens: Sommer,
Herbst und Frühling der scheinbar so einförmigen und tristen
Mark entfalten vor uns ihren eigenartigen nordischen Zauber.
Die Erzählung spielt in Tangermünde zur Zeit der Reformation. Die Figuren sind vortrefflich gezeichnet, Grete, Gigas,
Valentin sind Cabinetsstücke sorgfältiger Schilderung. Die
Fabel ist ansprechend und auch spannend. Wir sind keine
Freunde chronikalischen Stils, den Anhauch davon jedoch,
welcher hin und wieder aus dieser Geschichte uns entgegen-
weht, kann man sich wohl gefallen lassen.«

Über Land und Meer. Allgemeine Illustrierte Zeitung (Stuttgart) 23 (1880/81) Bd. 45. Nr. 26 [Ende
März 1881] S. 518.

»Von den Spuren einer Chronik ist in dieser Erzählung nicht
viel zu entdecken, die Erfindung wird so gut wie die Ausführung dem Dichter angehören, der dafür alles Lob verdient.
Der Ort ist Tangermünde, die Zeit das sechzehnte Jahrhundert. [...] Die Erzählung hebt idyllisch an und steigert
sich zu furchtbarer Tragik. Volk und Landschaft sind mit be-
kannter Meisterschaft geschildert und die geschichtlichen
Zustände bilden einen interessanten Hintergrund für die
schlichten Begebenheiten, aus denen sich sorgfältig ausgeführte Stimmungsbilder herausheben, wie denn überhaupt
die kleine Dichtung durch einen eigenen poetischen Duft sich
auszeichnet.   g.«

Im Neuen Reich. Wochenschrift für das Leben des
deutschen Volkes in Staat, Wissenschaft und Kunst
(Leipzig) 11,1 (Januar–Juni 1881) S. 392.

Julius Riffert (1854–1915), Redakteur der »Allgemeinen Literarischen Correspondenz«:

»Theodor Fontane ist einer der Dichter der Mark Brandenburg, und zwar weniger deshalb, weil er, wie Willibald Alexis,[6] specifisch brandenburgische Stoffe in seinen geistigen Producten verarbeitet, als vielmehr deshalb, weil er jenen eigenthümlichen Hauch, der über Brandenburgs Landschaft und Geschichte liegt, erfaßt und ihn seinen Schriften einzuflößen verstanden hat. [...]

Dieses specifisch märkisch-brandenburgische Etwas liegt auch über der Fontane'schen Dichtung. Sie spielt in der Altmark unter dem Enkel Kurfürst Joachims II., der von der lutherischen Confession zur reformirten Kirche übergetreten war, nachdem der Großvater dem Katholicismus entsagt hatte. Die Dichtung ist mehr kunstvoll ausgeführte Biographie als Novelle. [...]

Ich kenne die Chronik nicht, die Theodor Fontane zu dieser anheimelnden Dichtung begeisterte: wenn ich meinem historischen Gefühl trauen darf, so ist der Brand von Tangermünde, welchen die ungerecht behandelte und durch einen ungerechten Richterspruch um ihr Erbe betrogene Grete Minde veranlaßte, wohl dasjenige Factum gewesen, an welches die Phantasie des Dichters anknüpfte. Wie weit die Erzählung sonst Eigenthum der Chronik, wie weit Fontane's, kann ich nicht entscheiden. Das ist auch gleichgültig. Selbst durch ein Vorwiegen des ersteren Factums würde Theodor Fontane der Ruhm nicht benommen werden können, eine interessante Novelle verfaßt zu haben, welche durch die Wahrheit des Inhalts packt und die Einfachheit des Stils ergreift.

Eins möchte ich an der Dichtung aussetzen. Ist Fontane von dem historischen Schlußereigniß der Erzählung ausgegangen, und hat, rückwärtserfindend, den Charakter der Grete

---

6 Willibald Alexis, eigtl. Wilhelm Häring (1798–1871), Verfasser historischer Romane und Novellen vor allem aus der brandenburgisch-preußischen Geschichte.

Minde so gestaltet, daß aus ihrem Naturell unter den gegebenen Verhältnissen eine solche grauenhafte That resultiren
mußte, so scheint mir der Charakter der Heldin zu wenig
dämonisch angelegt. Er sollte wilder gehalten sein. Es wird
zwar mehrmals Grete's trotzigen Gemüths Erwähnung ge-
than, ihres unheilvollen Wesens gedacht, aber die bloßen auf-
geklebten Aussprüche des Autors genügen doch nicht, um
den Menschen zu dem zu machen, der er sein soll: das müssen
wir aus seinen Handlungen selbst ersehen: nicht der Dichter,
der Held hat uns die Berechtigung seiner Handlungsweise zu
zeigen.«

Allgemeine Literarische Correspondenz (Leipzig).
1. Juli 1881.

»Die Handlung begibt sich in der Altmark zu Anfang des
17. Jhs., unter der Regierung des Kurfürsten Johann Sigismund. [. . .]
Wie man sieht, ist ›Grete Minde‹ ein Seitenstück zu ›Michael
Kohlhaas‹.[7] ›Ich mag kein Unrecht sehen‹, sagt die Heldin
einmal, ›und auch keins leiden.‹ Der Unterschied der Ge-
schlechter, Lebensalter, Verhältnisse bedingt, dass das eine
Motiv, welches im Kleistschen Helden wirksam ist, sich hier
mit anderen verbunden zeigt: mit einem trotzigen Selbstge-
fühl, mit dem Bedürfnis nach Liebe und Lebensfreude. Dem
entspricht der durchaus verschiedene Gang der Entwicke-
lung, der in ›Grete Minde‹ episch, in ›Michael Kohlhaas‹ dra-
matisch ist. F. hat diesen Unterschied recht wol erkannt,
wenn er auch nach Art neuerer Romandichter in seiner Tech-
nik manches vom Drama borgt, während Kleist die seinige
den klassischen Mustern der Novellistik abgesehen hat. Wor-
auf es ankommt ist dies, dass wir von Gretens Leben *vor* der
Flucht mehr und Eingehenderes erfahren als von dem, was
sich später ereignet.
Fs. Darstellung ist schlicht, volkstümlich mit einem leisen
Anflug von Archaismus, vor allem zurückhaltend, sparsam

---

7 Zum Kohlhaas-Motiv vgl. auch S. 58 sowie die Interpretation Bieners
(Kap. IV,3).

und eben dadurch wirkungsvoll. Wichtiges wird oft mit wenigen Worten, nicht selten nur beiläufig angedeutet; manches wird uns zu erraten gegeben. Einzelnes ist dann wieder sehr eingehend und stimmungsvoll ausgeführt – das Ganze eine Reihe von Bildern, die unsere Phantasie leicht zusammenfügt. Die Figuren sind zum grösten Teil mehr gezeichnet als gemalt, einige mit wenig Strichen lebendig hingestellt. Von den in unserem Bericht nicht erwähnten Charakteren ist besonders der Pfarrer Gigas, ferner die alte Domina der Nonnen von Arendsee zu nennen.

Mancher wird das von der Verlagshandlung auf das eleganteste ausgestattete Büchlein mit Vergnügen und Erbauung lesen. k.«

Deutsche Litteraturzeitung für Kritik der internationalen Wissenschaft (Berlin) 2 (13. August 1881) Nr. 33.

»Denselben Hauch historischen Lebens [wie in »Vor dem Sturm«], dieselbe psychologische Feinheit der Charakteristik, verbunden mit einer bewundernswürdigen Plasticität finden wir in den beiden Novellen Fontane's [»Grete Minde« und »Ellernklipp«], welche vor Kurzem in Berlin bei W. Hertz erschienen sind. Die erste nennt sich ›Grete Minde, nach einer altmärkischen Chronik‹. Sie spielt in Tangermünde, jenem malerischen Städtchen, das mit seinem alten Rathause, seinen Kirchen, Thoren und seiner Stadtmauer uns in die Zeiten des Mittelalters zurückversetzt. Wir belauschen das eng eingeschnürte Leben in kleinstädtischen Verhältnissen, in welche das Schicksal ein fremdgeartetes leidenschaftlich angelegtes Kind, die Heldin der Erzählung, hineingeworfen hat. Das Aufblühen einer ersten Jugendliebe in noch halb kindlichen Gemüthern wird uns mit einer an Gottfried Keller erinnernden poetischen Innerlichkeit geschildert.[8] Aber die Verhältnisse sind feindlich, [. . .]. Und nun folgt mit

8 Gemeint ist wohl Kellers Novelle »Romeo und Julia auf dem Dorfe« in dem Novellenzyklus »Die Leute von Seldwyla« (1856). Zu diesem Vergleich s. auch Wandrey, S. 141, und Biener (Kap. IV,3).

tragischer Nothwendigkeit das Verhängniß: [. . .], das Alles
ist mit Meisterhand in erschütternder Wahrheit geschildert.
Hier zeigt sich der Künstler in seiner vollen Kraft, indem er
mit weiser Sparsamkeit nur die Hauptlinien zeichnet und die
Massen aufs wirksamste durch scharfe Lichter hervorhebt.
Ich halte diese spannende und ergreifende Erzählung für eine
der besten Novellen unserer Zeit.   W. L.[9]«

Augsburger Allgemeine Zeitung. Nr. 325. 21. November 1881.

PAUL HEYSE (1830–1914):

»Auch die kleineren Novellen, die dieser bedeutendsten
[»Vor dem Sturm«] seiner epischen Arbeiten folgten, zeich-
nen sich durch die gleichen künstlerischen und persönlichen
Vorzüge aus, mit Ausnahme von ›L'Adultera‹ [1880/82], in
der wir eine Verirrung seines Talentes sehen. Um so rückhalt-
loser können wir unsere Freude aussprechen, daß es uns ver-
gönnt ist, in ›Grete Minde‹ eine Dichtung von erschütternder
Kraft und hoher poetischer Schönheit unserer Sammlung ein-
zureihen.«

Vorwort zu »Grete Minde«. In: Neuer Deutscher
Novellenschatz. München: Oldenbourg, 1884.
Bd. 5. S. 111.[10]

---

9 Wilhelm Lübke (1826–93), seit 1861 Professor für Kunstgeschichte in
  Zürich, dann in Stuttgart und Karlsruhe, früher Mitglied des Ellora-Kreises
  um Fontane. Lübke hat sich um die Aufnahme von Fontanes Romanen (bes.
  »Vor dem Sturm«) in Süddeutschland verdient gemacht, vgl. Kap. III
  (Anm. 29,32); sonst Kap. II (Golz).
10 Zu Heyses Vorwort und dem herrschenden Novellengeschmack der Zeit
  (»Zwang zum tragischen Abschluß«) vgl. Manfred Windfuhr, »Fontanes
  Erzählkunst unter den Marktbedingungen ihrer Zeit«, in: »Formen realisti-
  scher Erzählkunst. Festschrift for Charlotte Jolles«, hrsg. von Jörg
  Thunecke und Eda Sagarra, Nottingham 1979, S. 339 f. Vgl. auch Kap. III
  (Anm. 30) und Kap. IV (Anm. 40).

THEODOR HERMANN PANTENIUS (1843–1915), Redakteur der Leipziger Zeitschriften »Daheim« und »Velhagen & Klasings Monatshefte«[11]:

»Fontane kam zum Roman [»Vor dem Sturm«] vom Feuilleton her. Da ist es sehr verständlich, daß ihm die Selbstbeschränkung, welche die Kunstform des Romans gebieterisch verlangt, noch fremd war. Er bot viel zu viel, und er verstand es noch nicht, alle vorgeführten Personen durch eine fesselnde Handlung zusammenzuhalten. Die einzelnen Teile packten, das Ganze aber brachte es nicht fertig, den Leser festzuhalten. In der Buchausgabe wird man diese Fehler weniger empfunden haben, für die Veröffentlichung in einem Blatt waren sie verhängnisvoll.
Fontane war aber nicht nur Feuilletonist gewesen, sondern auch Balladendichter, und das wird ihm geholfen haben, sich auf dem neuen Gebiet zurechtzufinden. Gleich der nächste Roman ›Grete Minde‹ ist ungleich kürzer geschürzt.
Auch ›Grete Minde‹ ist ein historischer Roman und zwar ebenfalls ein märkischer. Wann er spielt, ist aus ihm selbst nur in allgemeinen Umrissen zu erfahren. Das Land ist schon evangelisch, es gibt aber noch katholische Nonnen in ihm. Das ist für die Art, wie Fontane sich zu seinem Stoff stellte, sehr charakteristisch. Es lag durchaus nicht in seiner Absicht, einen archäologischen Roman zu schaffen. Er hält sich daran, daß die Menschen des XVI Jahrhunderts Menschen waren wie wir und die Märker damals auch schon Märker. So versetzt er denn die Gestalten, die den Dichter in ihm fesselten, frischweg um dreiviertel Dutzend Generationen zurück und sorgt sich wenig darum, daß man damals ein Wams trug statt eines Jackets. Die historische Einkleidung gab ihm die er-

---

11 Pantenius hatte »Vor dem Sturm« im Vorabdruck in »Daheim« veröffentlicht; seine Bemerkungen zur Lektüre des Vorabdrucks und der Buchausgabe sind von rezeptionsästhetischer Bedeutung. Wie Heyse (s. S. 56) lehnte Pantenius »L'Adultera« als eine »Verirrung« (S. 655) in Fontanes schriftstellerischer Entwicklung ab, ebenfalls wie Heyse schätzte er tragische Geschichten von Schuld und Sühne (wie z. B. »Unterm Birnbaum« und »Quitt«) höher ein als moderne Gesellschaftsromane (vor allem »Irrungen, Wirrungen« und »Stine«).

wünschte Freiheit für die Handlung, und darauf kam es ihm an.

Der Stoff von Grete Minde ist das Kohlhaasmotiv, die Wirkung, welche ein erfahrenes und nicht zu beseitigendes Unrecht auf einen geraden, störrischen Charakter ausübt. Die Trägerin der Idee ist diesmal eine Frau, Grete Minde, [. . .]. Die Schilderung, wie das unglückliche Weib schließlich geistig umnachtet wird, im Wahnsinn ihre Vaterstadt in Brand steckt und selbst in den Flammen umkommt, ist ungemein erschütternd. Das eine entwickelt sich folgerichtig aus dem anderen. Bei dieser Charakteranlage konnte es in diesen Verhältnissen nicht anders kommen, wie es kam. Die Erzählung ist eine regelrechte Tragödie und hat Furcht und Mitleid im Gefolge wie eine solche. Es liegt, trotz aller Lieblichkeit der Episoden, eine einheitliche, ernste Stimmung über dem Ganzen, und wir folgen dem Erzähler schaudernd und doch gefesselt bis zu dem furchtbaren Ende, in dem die Unschuldigen mit den Schuldigen verderben.«

Velhagen & Klasings Monatshefte (Leipzig) 8 (1893/
1894) H. 2. S. 653 f.

2. Die Forschungsgeschichte

Im Anschluß an ihre oben zitierte Zusammenfassung der Entstehungs- und frühen Wirkungsgeschichte von »Grete Minde« (s. Kap. IV,1) gibt CHARLOTTE JOLLES einen knappen Überblick über die Forschungsgeschichte bis Mitte der 1970er Jahre:

»Doch konnte sich das positive zeitgenössische Urteil nicht halten. Die literarische Kritik von *Wandrey* bis *Demetz* und *Reuter*[12], mit Ausnahme von *Bosshart*, beurteilt das Werk ungünstig, trotz Anerkennung einzelner Vorzüge der Fonta-

---

12 Vgl. Wandrey, S. 138–145; Hans-Heinrich Reuter, »Fontane«, Berlin/München 1968, Bd. 2, S. 586 f. Vgl. hierzu auch Helmuth Nürnberger, »Theodor Fontane in Selbstzeugnissen und Bilddokumenten«, Reinbek bei Hamburg 1968 (rowohlts monographien, Bd. 145), S. 131. – Zur frühen historisch-

neschen Erzählkunst, die sich auch hier zeigen. Gerügt wird im allgemeinen die Mischung von Balladeskem, Chronikstil und moderner Psychologie sowie die Anzahl unerfreulicher, ganz ›unfontanescher‹ Charaktere. Selbst die Bezeichnung ›Novelle‹ wird diesem Werk abgesprochen. Demetz nennt es eine ›biographisch angelegte Kriminalgeschichte von reichentfalteter Motivik‹.[13]

Einen neuen Ansatz zur Interpretation bietet *Müller-Seidel*. Er sieht im Historismus dieser Erzählung lediglich einen Stimmungswert und arbeitet die gesellschaftliche und soziale Bedeutung heraus. Neben dem Gesellschaftlichen der Erzählung aber handelt es sich auch um ein Charakterbild einer Individualität. Gesellschaftsnovelle und Charakternovelle bleiben, nach Müller-Seidel, ein Nebeneinander und sind nicht zur Einheit verschmolzen.«[14]

> Charlotte Jolles: Theodor Fontane. Stuttgart: Metzler, ³1983. (Sammlung Metzler. Bd. 114.) S. 62.

3. Aspekte der Interpretation

Die folgende Auswahl aus der modernen Forschung beschränkt sich auf einige wesentliche oder neue Aspekte der Interpretation. Da bereits mehrfach in diesem Kommentar auf Sprach- und Motivuntersuchungen (sprachliche Archaisierung, idyllische und religiöse Motivik, das Kohlhaas-Motiv) hingewiesen worden ist, wird hier auf die einschlägigen Beiträge von Hertling, Kahrmann, Müller-Seidel, Pastor und Bos verzichtet.

positivistischen Forschung von Pniower bis Sieper vgl. Kap. II; auf die Ergebnisse bes. von Pniowers Quellenforschungen wird im einzelnen in Kap. I hingewiesen.

13 Vgl. Demetz, S. 93. Zur Gattungsfrage und Struktur sowie zum naturalistischen Hintergrund von »Grete Minde« vgl. Demetz in Kap. IV,3.

14 Vgl. Müller-Seidel, S. 76. Zu »Grete Minde« als Chroniknovelle »im Banne des Historismus« vgl. bes. S. 77–81.

PETER DEMETZ zur Gattungsfrage und Struktur:

»Otto Pniower und andere behaupten,[15] der Erzähler
beschränke sich in seinem Berichte, in balladesker Manier,
auf die entscheidenden Krisenpunkte: das ist richtig und
falsch zugleich. Der Exposition, oder besser: Fixierung der
Charaktere (Kap. 1–4), die Fontane in die Folge dreier Tage
faßt, folgt der episch beruhigte Bericht über die Entwicklung
des Kindes zum Mädchen (Kap. 5–10), fast über drei Jahre
hin; dann, in einem merklichen Zusammenschluß der erzählten Zeit auf drei Tage, Familienkrise und Flucht
(Kap. 11–14). Nach einer charakteristischen Erzählpause von
drei Jahren folgt, Schlag auf Schlag, Valtins Tod, Gretes
Heimkehr, ihre Erniedrigung und Rache (Kap. 15–20), neu-
erlich auf den Todestag Valtins und die drei letzten Tage in
Tangermünde zusammengedrängt.[16] Ich zögere, mit Fritz
Martini von einer Beschleunigung gegen das Ende hin zu
sprechen;[17] eher tritt eine Neigung zur zeitlichen Symmetrie
hervor, in welcher bedeutungsvolle Kontraktionen der Zeit
(drei Tage zumeist) jeweils entwicklungsträchtigen Zeitent-
faltungen (drei Jahre) geradezu kontrapunktisch entspre-
chen. Aber es ist nicht nur dieser wechselnde Rhythmus von
Stauungen und Lösungen, der es verbietet, von einer Novelle
zu sprechen; entscheidender noch die Episoden und rudi-
mentären Nebenszenen, die die Aufmerksamkeit des Lesers
von der zentralen Figur fortführen und auch den Nebenfigu-
ren eine überraschende Autonomie verleihen. Ich begnüge

---

15 Vgl. Pniower, S. 328; Bosshart, S. 45.

16 Hinsichtlich des Aufbaus der Erzählung gehen die Ansichten auseinander,
vgl. z. B. Lotte Müller (»Lehrpraktische Analysen«, Folge XIV, Stuttgart
1961, S. 3–8), die »Grete Minde« so gliedert: Kap. 1–7, 8–14, 15–16, 17–20;
Hubert Ohl (»Theodor Fontane«, in: »Handbuch der deutschen Erzählung«, hrsg. von Karl Konrad Polheim, Düsseldorf 1981, S. 342 f.), der eine
zweiteilige Gliederung beschreibt: Kap. 1–14 (Vorgeschichte, Auszug),
15–20 (Geschehen, Rückkehr). Konieczny (S. 95–98) gliedert den Vorabdruck wieder anders: Kap. 1–4, 5–8, 9–12, 13–16, 17–20.

17 Vgl. Fritz Martini, »Deutsche Literatur im bürgerlichen Realismus«, Stuttgart 1962, S. 763.

mich damit, *Grete Minde* eine biographisch angelegte Kriminalgeschichte von reichentfalteter Motivik zu nennen; [. . .].«

Peter Demetz: Formen des Realismus: Theodor Fontane. Kritische Untersuchungen. München: Hanser, 1964. S. 93.

PETER DEMETZ über »Grete Minde« als naturalistische »Studie« eines pathologischen Falles:

»Gretes Entwicklung führt vom Gefährlich-Drohenden ins Pathologische; und der Erzähler fährt fort, der Macht der Kausalität und Determination zu vertrauen. Jeder Konflikt mit Sippe, Stiefbruder und Stadtrat hat eine tiefere Zerstörung ihres Gemütes zur Folge; sie wird geradezu durch kausale ›Stöße‹, welchen jeweils ein einzelnes Kapitel entspricht, in Wahnsinn und Tod getrieben. Im letzten Viertel der Erzählung (Kap. 15–20) wird die Kette der Kausalität ohne Verhüllung sichtbar [vgl. 95,31 f.; 98,4 ff.; 103,7; 103,20 ff.; 106,10 f.]. Der Determinationsprozeß, die Kategorie der Kausalität, eine Schritt-für-Schritt Psychologie bestimmt das schriftstellerische Verfahren; nur einmal gelingt es dem Erzähler, der Kausalität zu entrinnen und Gretes verirrte Seele in einem Sinnbild anzudeuten. Es ist jener wuchernde Garten von Arendsee, in dem man auch Valtin begraben wird; wie ihre Seele, so sein wildes Grab [vgl. 83,8 ff.]. Gretes ›verwilderter‹ Seele [62,12] entspricht der ›verwilderte‹ [87,8 f.] Garten: das gleiche Eigenschaftswort, die gleiche Faszination durch das Ungeordnet-Schöne.

Das wirksame Garten-Motiv vermag allerdings nicht darüber hinwegzutäuschen, daß der Erzähler bestrebt bleibt, Gretes Hoffnung und Sturz in kausaler Präzision zur Anschauung zu bringen; obwohl er vorgibt, einer altmärkischen Chronik zu folgen, vertraut er doch eher den ordnenden Begriffen von Herkunft und Anlage, Reiz und Antwort, Psychologie und Milieu. Gewiß: der Erzähler versucht, seine Kategorien zu verhüllen oder zu archaisieren. Von Erbschaft [vgl. 61,17], nicht von Vererbung ist die Rede; er weicht, wo nicht den klinischen Symptomen, so doch der klinischen Terminologie

im Bogen aus; nicht vom Verfolgungswahn, sondern von
›Trübungen der Seele‹ [103,21 f.] weiß er zu berichten. Hier
tritt der von Wandrey [S. 144] und Martini [S. 764] beobach-
tete aesthetische Konflikt zu Tage: Fontanes Bilder aus einer
altmärkischen Chronik enthalten im Grunde die naturalistische ›Studie‹ eines pathologischen Falles;[18] und Grete Minde
erscheint als Ahnin des heillosen Bahnwärters Thiel, der
im ausbrechenden Wahnsinn ein entsetzliches Verbrechen
begeht.[19] Der Unterschied liegt darin, daß sich der junge
Hauptmann schon im Untertitel seiner Novelle programma-
tisch zur Wissenschaftlichkeit einer novellistischen Studie
bekennt, während Fontane, als Zeitgenosse Storms, auf
Holzschnitt, Geschichte und Chronik besteht.[20] [...] Das
Nebeneinander von erzwungenem Historismus[21] und Verer-
bungslehre reflektiert, in *Grete Minde*, die Misere eines stil-
losen Zeitalters anstatt sie artistisch zu überwinden.
Aber vielleicht ist noch etwas anderes im Spiele. Fontane, der
genau weiß, wie fremd seinem Talente der Stoff bleiben muß,
versucht ihn zu ›mildern‹, und mindert seine Dimension. Die
historische Grete Minde [...] war ein echter Pitavalcharak-
ter;[22] eine Verbrecherin nicht aus Wahnsinn, sondern aus
Trotz, Rachedurst und Kalkül. [...] Fontane hat einen entscheidenden Punkt korrigiert, und die Verbrecherin in eine
Irrsinnige verwandelt; in der Entscheidung, seine Grete
Minde durch Krankheit zu entschuldigen, mag die Konven-
tion der Familienzeitschrift, die nichts Gräßliches gestattet,
mit Fontanes höchst privater Abneigung gegen das Spektaku-

18 Vgl. hierzu auch Elizabeth Chambers, die »Grete Minde« mit Zolas erstem
    naturalistischen Roman »Thérèse Raquin« (1867) vergleicht (»Supernatural
    and Irrational Elements in the Works of Theodor Fontane«, Stuttgart 1980,
    S. 87).
19 Vgl. Gerhart Hauptmann, »Bahnwärter Thiel. Novellistische Studie aus dem
    märkischen Kiefernforst«, in: »Die Gesellschaft« (München, 1888); erste
    Buchausgabe 1892.
20 Über genetische Beziehungen in »Grete Minde« zu Storm s. S. 71.
21 Vgl. hierzu Müller-Seidel.
22 Vgl. François Gayot de Pitavals Sammlung authentischer Prozeßberichte,
    »Causes célèbres et intéressantes« (22 Bde., 1734 ff.). Zu »Fontanes Pitaval«
    vgl. Demetz, S. 79–90.

läre zusammenstimmen. An Stelle eines grausam bizarren Schicksals, dessen Geschichte Kleist hätte bewältigen können, der Rückzug auf das psychologische Verstehen eines pathologischen Falles; der geistige Zusammenbruch der Täterin vor der entsetzlichen Tat.«

Ebd. S. 95–98.

Hans-Joachim Konieczny über den Vorabdruck von »Grete Minde« in »Nord und Süd«:

»Im Gegensatz zu dem Erzählwerk Wilhelm Jensens ›Aus den Banden‹,[23] dem eine auf innere Spannung hin angelegte Struktur abgesprochen werden muß, aber im Vergleich zu Ludwig Anzengrubers Skizze ›Wie der Huber ungläubig ward‹,[24] die ihrer inneren Organisation nach die Möglichkeiten erkennen ließ, auf eng bemessenem Raum einen interessanten seelischen Vorgang zu schildern, wählte Fontane Erzähltechniken, die mit dem innerperiodikalischen Gefüge einer monatlich erscheinenden Zeitschrift abgestimmt sind. ›Grete Minde‹ ist ein Werk, das aufgrund seines Aufbaus den Leser fesseln konnte, auch wenn ihr monatliches Erscheinen in der Zeitschrift ›Nord und Süd‹ den Lektürevorgang erschwerte. Paul Lindau erkannte ihre leserpsychologisch wirksamen Komponenten und wagte das Experiment einer Zwei-Nummern-Folge.[25] Seine Kunst für kluge Dispositionen sicherte seinem Blatt Beachtung. Fontane hat sich aktiv daran beteiligt und so wurde der Vorabdruck des Erzählwerkes ›Grete Minde‹ in [. . .] ›Nord und Süd‹ sein erster literarischer Erfolg nach 1877. Dieser ›Durchbruch‹ gelang ihm, da er den Rezeptionsrhythmus literarischer Texte in einer Monatsschrift mit der Komposition seines Erzählwerkes

---

23 Wilhelm Jensen, »Aus den Banden. Novelle«, in: »Nord und Süd« 1 (1877) S. 5–58; vgl. hierzu Konieczny, S. 89 f.

24 Ludwig Anzengruber, »Zur Psychologie der Bauern: Wie der Huber ungläubig ward«, in: »Nord und Süd« 1 (1877) S. 418–428; vgl. hierzu Konieczny, S. 90–92.

25 Vgl. hierzu Fontanes Brief vom 5. März 1879 an Paul Lindau (Kap. III) sowie Kap. I, Anm. zu 62,17.

›Grete Minde‹ zu vereinigen wußte. Er hat außerdem die Forderung erfüllt, auf eng begrenztem Raum fesselnd erzählen
zu müssen. Die thematische Struktur des Erzählwerkes
›Grete Minde‹ – ein Sitten- *und* Charakterbild darzustellen –
findet sich auch·in der komprimierten Fassung erfüllt. Fontane konzentrierte sich auf markante Erzählsituationen und
erreichte eine Plastizität sowohl der Gegenkräfte, die die Entwicklung Grete Mindes formten als auch der Phasen des psychologischen Heranreifens seiner Hauptfigur. Das Interesse
des Lesers der Zeitschrift ›Nord und Süd‹ wurde an ein
Geschehen gebunden, dessen Verlauf Aktion und Reaktion
bestimmten. Die Lebensgeschichte ›Grete Minde‹ war ein
Stoff, in der sich auch die traditionelle Liebesthematik der
Zeitschriftenbelletristik verarbeitet findet, hier jedoch mit
einem bitteren Ende schließt. ›Grete Minde‹ erscheint der
Liebes- und Frauenliteratur in dem Punkte adäquat, daß der
Schluß des Erzählwerkes friedlich ausklingt.«

Hans-Joachim Konieczny: Fontanes Erzählwerke
in Presseorganen des ausgehenden 19. Jahrhunderts. Diss. Paderborn 1978. S. 99.[26]

KLAUS GLOBIG über den sozialpolitischen Appell in »Grete
Minde«:

»Die These, zu der im folgenden hingeführt werden soll, ist,
daß Fontane neben der psychologischen Studie mit ›Grete
Minde‹ einen Appell an seine Zeitgenossen beabsichtigt hat,
der gerichtet ist auf die Versöhnung der Klassen, auf sozial-
politische Integration der Arbeiterschaft durch Gewährung
von Teilhabe an den materiellen Erfolgen der Gesellschaft,
und zwar sowohl aus humanitären Gründen wie aus Gründen
der Selbsterhaltung der bürgerlichen Gesellschaft seiner Zeit:
ein Anliegen, das wir sozialreformerisch beziehungsweise
sozialpolitisch nennen können [. . .].
Fontane selbst hat in den erhaltenen Äußerungen zu ›Grete

---

26 Aus Platzgründen wird hier nur die Zusammenfassung von Koniecznys
   Analyse (S. 22–29, 60–65, 92–100) zitiert.

Minde‹, soweit ersichtlich, nur von seiner Absicht gesprochen, mit dieser Novelle eine ›psychologische Aufgabe‹ lösen zu wollen.[27]

Unmittelbare, in die Richtung einer sozialpolitischen Absicht zielende Selbstinterpretationen Fontanes existieren für diese Novelle nicht.

Fontane hat seine eigenen Werke jedoch selbst an keiner Stelle umfassend interpretiert. [...] Die an den Beginn gestellte These ist also aus der historischen Entstehungssituation der Novelle, aus ihr selbst und aus ihrer Stellung im Gesamtwerk Fontanes heraus zu begründen.

Fontane faßte den Plan zu dieser Novelle vor dem Mai 1878.[28] [...]

Gerade zu dieser Zeit, am 11. Mai 1878, hatte der Schustergeselle Hoedel ein Attentat auf Kaiser Wilhelm I. verübt, am 24. 5. 1878 wurde das erste Reichsgesetz über das Verbot der Sozialdemokratie im Reich in den Reichstag eingebracht, am 2. 6. 1878 folgte das Attentat des Dr. Nobiling auf Wilhelm I., das dann im Oktober 1878 den Anlaß zur Verabschiedung der Sozialistengesetze im Reichstag abgab.

Besonders das Attentat Nobilings hat auf Fontane starken Eindruck ausgeübt, er erwähnt dieses Ereignis in einer ganzen Anzahl seiner Briefe.

Fontane knüpfte an dieses Ereignis auch in seinen Briefen Betrachtungen über die Rolle der Arbeiterklasse beziehungsweise der Sozialdemokratie, wobei er der Macht dieser Klasse zukünftig große Wirkung zuschrieb, und er maß dieser Macht auch eine gewisse Legitimität bei.[29] Preußen hatte [...] die Unterdrückung der Arbeiterschaft mit gewaltsamen Mitteln, versucht: Ein Verbot der sozialistischen Partei existierte hier bereits seit dem Jahre 1876. Seit 1875, der Vereinigung der ›Eisenacher‹ SDAP mit dem lassalleschen ADAV zur SAPD war der politische Einfluß der Sozialdemokratie immens gewachsen: 1877 hatte diese Partei in Deutschland

27 Brief an seine Frau, 11. August 1878.
28 Vgl. Brief an Lindau, 6. Mai 1878.
29 Vgl. Brief an seine Frau, 5. Juni 1878.

etwa eine halbe Million Wähler, 1878 entfielen allein in Berlin
etwa 51 000 Wählerstimmen auf die Sozialisten.

Auch auf andere Weise hatte die Arbeiterschaft Aufsehen
erregt und ihre – zwar erst in den Anfängen stehende, aber
unübersehbare – Macht demonstriert: Im Herbst 1871 streik-
ten 8000 Chemnitzer Metallarbeiter, im Sommer 1872 standen 20 000 Ruhrgebietarbeiter im Ausstand, und die Beschäf-
tigung Bismarcks sowie des Kaisers selbst ab etwa 1878 mit
der sozialen Frage[30] zeigen, welche Bedeutung auch die
Spitze des Staates der Arbeiterfrage beimessen mußte.

Fontane hat diese Entwicklung sehr genau und kritisch verfolgt.

In dieser politisch aufgeregten Zeit des Jahres 1878 lag es
nahe, auch künstlerisch auf die Herausforderungen zu reagie-
ren, die die Gesellschaft bewegten. [...]

Als Reaktion auf zeitgenössische politische Probleme ist die
Novelle ›Grete Minde‹ bislang nicht gewürdigt worden,
obwohl dafür eine Reihe von unübersehbaren Hinweisen
sprechen. [...]

Der Vergleich des historischen Stoffes mit der Geschichte, die
Fontane schrieb, zeigt charakteristische Änderungen, die
allein in der in der Anfangsthese dargelegten Absicht des
Autors begründet sein können. [...]

Auf die Absicht, mit der Novelle im Leser etwas zu bewir-
ken, deutet ihre emotionale Tendenz, die stark darauf gerichtet ist, Verständnis für Grete Minde hervorzurufen, das Verhalten des Stiefbruders zu verurteilen, wobei appellartig dem
Leser das Gefühl vermittelt wird, hier wurde falsch gehan-
delt, man hätte Grete Minde anders behandeln müssen, ihr
Gerechtigkeit widerfahren lassen müssen.

Gleichzeitig stellt Fontane aber klar, daß ein karitatives,
almosenartiges Helfen erfolglos bleiben muß: Das Angebot
der Domina, bei ihr im Kloster eine Heimstatt zu nehmen,
wird von Grete Minde nicht angenommen, und zwar aus

---

30 Vgl. Thronreden vom Februar 1879 sowie vom 15. Februar 1881, Entwurf
    des Unfallversicherungsgesetzes aus dem Jahre 1881.

einer inneren Notwendigkeit heraus, die die Domina selbst auch erkennt; sie weiß, daß Grete Minde dieses Angebot nicht wahrnehmen wird. Diese Weigerung ist zum einen psychologisch erklärt, als Trotz, und als Ausdruck eines übersteigerten Gerechtigkeitsgefühls.

Andererseits ist die Atmosphäre des Klosters als so anziehend geschildert, daß die Motive des Trotzes und der Gerechtigkeitsliebe allein nicht ausreichen, um die Ablehnung zu begründen: Ein Element des beginnenden Wahnsinns bei Grete Minde muß auf der psychologischen Ebene dieses Verhalten zusätzlich begründen.

Wenn dieses Verhalten Grete Mindes jedoch stellvertretend für gesellschaftliche Reaktionen auf das Almosengeben steht, wenn es also aus dem individuellen Rahmen herausgehoben wird, gewinnt die Ablehnung an Plausibilität:

Wenn Grete Minde für die unterdrückten Klassen steht, die nicht durch karitative Maßnahmen befriedet werden können, die nur durch Gerechtigkeit, durch das Zuteilen dessen, was ihnen zusteht, daran gehindert werden können, die alten Gesellschaftsstrukturen gewaltsam zu zerstören, wird klar, daß das Ende in der Idylle des Klosters undenkbar ist.

Die Zerstörung der Stadt Tangermünde symbolisiert den gewaltsamen Umsturz der bestehenden Gesellschaft. Angelegt ist diese äußerste Konsequenz bereits zu Beginn der Novelle in der Zerstörung des Rathauses durch die Puppenspieler: Das jüngste Gericht bricht über die Stadt herein, gebracht durch die Puppenspieler, eine Gruppe von Personen, die von allen herkömmlichen gesellschaftlichen Bindungen frei ist, in dieser Gesellschaft keinen Platz mehr hat oder diesen noch nicht gefunden hat.

Auch andere Episoden in der Novelle gewinnen in dieser Sicht eine eigene Bedeutung: Die Solidarität der Puppenspieler mit Grete Minde ermöglicht ihr, ihrem Mann sowie dem Kind zeitweise das Überleben. Diese Solidarität führt jedoch nicht zur Lösung des Problems; dieser Weg, wonach die Erringung von Gerechtigkeit für die Unterdrückten nur das Ergebnis der Solidarität der Unterdrückten selbst sein

könnte, ist der historische politische Weg der Parteien der
Arbeiterbewegung gewesen, diese Sicht entspricht nicht der
Position Fontanes. Er erwartet die Lösung vielmehr von den
Herrschenden selbst, von ihrem Gerechtigkeitssinn und ihrer
Einsicht.
Wie wenig optimistisch Fontane aber die Einsichtsfähigkeit
der staatstragenden Kräfte einschätzt, zeigen verschiedene
Momente der Novelle. Das Ende der Stadt Tangermünde
selbst drückt diesen Pessimismus deutlich aus. Aber auch die
doktrinäre Haltung des Geistlichen, der dem verstorbenen
Valtin das Begräbnis verweigert, läßt diesen Pessimismus
spüren.
Schließlich läßt Fontane auch anklingen, daß die bloße Einsicht in das, was gerecht ist, ohne Folgerungen daraus für
das eigene Verhalten zu ziehen, gleichfalls nutzlos ist: Die
Erkenntnis des Bürgermeisters, ein billiges, totes Recht
anwenden zu müssen, ohne sich über diese toten Normen
hinwegzusetzen, kann die Katastrophe nicht hindern.
Fontane verschleiert seine Einstellung durchaus nicht, um so
unverständlicher ist, daß diese Aspekte bislang noch nicht
gesehen wurden. Deutlich wird ausgesprochen, daß der Weg
gewaltsamer Unterdrückung berechtigter Interessen nicht
gangbar ist. Der auf dem Rathaus stehende Spruch wird in
seiner wesentlichen Zeile: ›Verlaß' dich nicht auf dein
Gewalt‹ an drei verschiedenen Stellen in den beiden letzten
Kapiteln zitiert, wobei eine Steigerung durch Konzentrie-
rung des insgesamt acht Zeilen umfassenden Spruchs auf
zunächst vier Zeilen und dann auf den entscheidenden Vers
allein erreicht wird.
Hier wird die generelle Kritik Fontanes an einer auf Gewalt,
auf einer Position der Stärke beruhenden Haltung legitimen
Ansprüchen anderer gegenüber mit Händen greifbar: eine
Kritik, die in der historischen Situation des Jahres 1878
außerordentlich mutig war. [...]
Bei den Zeitgenossen fand ›Grete Minde‹ wenig Anklang.[31]

31 Vgl. dagegen die in Kap. IV,1 zitierte zeitgenössische Kritik sowie Franz
   Hirschs Beurteilung in »Schorers Familienblatt« (1889, Nr. 52, S. 823 f.:

Wahrscheinlich liegt der Grund dafür in der nicht in die zur Entstehungszeit herrschende Stimmung des Bürgertums passenden Aussage der Novelle: Die Gestalt Grete Mindes vermittelt ja zunächst Verständnis für einen Akt des ›individuellen Terrors‹, der aus gerechter Empörung über ungerechte Behandlung entstanden ist. Schon das mußte in einer Zeit auf die staatstragenden Kräfte provozierend wirken, in der zweimal kurz hintereinander ein Attentat auf das Staatsoberhaupt verübt worden war.

Der Appell zur Übung sozialer Gerechtigkeit war zwar weniger provozierend, vertraten diese Position doch immerhin beachtliche Kreise des Bürgertums (etwa der Kreis der sogenannten ›Kathedersozialisten‹ um Schmoller), doch war auch dies eine offiziell nur geduldete politische Position, die noch keinesfalls auf die Unterstützung einer großen Zahl der Angehörigen der ›gebildeten Stände‹, geschweige denn der Bourgeoisie, rechnen konnte. Diesen mußte vielmehr, soweit sie die Novelle nicht nur als unterhaltsame Geschichte auffaßten, ihre gesamte Tendenz widerstreben.

Gerade auch in ›Grete Minde‹ wird aber die Künstlerschaft Fontanes deutlich. In beispielhafter Weise entwickelt er einen historisch verbürgten Stoff folgerichtig, lebendig und formal überzeugend (die ›Simplizitätssprache‹, die hierbei häufig gerügt wurde, und die archaisierenden Wendungen tragen als legitime künstlerische Mittel nicht wenig zur Schaffung der Atmosphäre der Novelle bei). Die historische Konstellation der sozialen Kräfte der ›erzählten Zeit‹, der Zeit vor dem Dreißigjährigen Krieg, wird dabei deutlich und adäquat dargestellt, gleichzeitig werden Parallelen zu der Situation der Erzählzeit, dem Jahre 1878, angelegt, ohne daß Fontane jemals plump mit dem Zeigefinger deutet noch aus der erzählten Zeit herausfällt. [. . .] diese Wahrheitsliebe bewirkt [. . .], daß das Werk Fontanes seine Bedeutung behalten wird und

---

»ein kleines Meisterwerk voll folgerechter poetischer Motivierung und historischer Stimmung«), die Globig außer acht läßt. Außerdem zieht Globig weder den Vorabdruck von 1879 noch den Wiederabdruck von 1884 in Betracht, vgl. Kap. III; Kap. IV,1; S. 63 f. (Konieczny).

auch an Beachtung hinzugewonnen hat, seit auf Grund
des Zeitabstandes die unangenehmen Wahrheiten weniger
treffen.«

> Klaus Globig: »Theodor Fontanes ›Grete Minde‹:
> Psychologische Studie, Ausdruck des Historismus
> oder sozialpolitischer Appell?«. In: Fontane Blätter
> 4 (1981) H. 8. S. 706–713.[32]

JOACHIM BIENER zu literarischen Vergleichen, genetischen
Beziehungen und literaturgeschichtlichen Bezügen:

»[. . .] Fontane hat Gottfried Keller in ›Romeo und Julia auf
dem Dorfe‹ des Stilbruches bezichtigt.[33] Auf den realistischen Streit der Eltern um den Acker folge die märchenhafte
Geschichte von Sali und Vreeni, die wie Grete Minde und
Valtin zu eltern- und heimatlosen Kindern werden. Die Seld-
wyler Novelle verläuft vom Realistischen zum Allgemein-
menschlichen, zur abstrakten Kindheitspoesie. In ›Grete
Minde‹ finden sich die abstrakt-poetischen Elemente am
Anfang und in der Mitte der balladesken Erzählung, gegen
das Ende hin setzt massive Gesellschaftlichkeit ein, gepaart
mit Pathologischem, Idyllisches und Gesellschaftliches sind
nicht zu voller Einheit verschmolzen, Poetisches und Soziales
klaffen zum Teil auseinander. Auch wirken die Figuren des
Gerdt, der Trud und der Emrentz psychologisch nicht
geschlossen. [. . .] Aber Fontanes Weg zum realistischen
gesellschaftskritischen Romancier kündigt sich an. [. . .] Die
Entwicklung von ›Grete Minde‹ zur ›Kohlhaas‹-Rezeption[34]
und zur massiv-gesellschaftlichen, in der Darstellung allzu
lakonischen Finalkatastrophe verweist schließlich doch auf
Fontanes weiterführende dichterische Entfaltung, während

---

32 Aus Platzgründen muß hier auf die erforderliche Auseinandersetzung mit
   Globigs zwar interessanten, aber in vieler Hinsicht anfechtbaren Thesen
   verzichtet werden. Zur kritischen Diskussion und Interpretation vgl. die
   Stellungnahmen von Giel, Ester, Thunecke und Biener in: »Fontane Blätter«
   5 (1982) H. 1, S. 68–82.
33 Vgl. Fontanes Kritik (etwa 1875) in W III 1,493–496. Siehe auch Anm. 8.
34 Vgl. S. 54; ferner Joachim Biener, »Das Kleistbild Theodor Fontanes. Zum
   200. Geburtstage des Dichters«, in: »Fontane Blätter« 4 (1977) H. 1, bes.
   S. 64 f.

›Romeo und Julia auf dem Dorfe‹ im Ablauf den letztlich
rückwärtsgewandten, bürgerlich begrenzten Charakter von
Kellers Dichtung erweist und die Auflösung seiner poetischen Welt ankündigt. Seldwyla als literarisches Abbild einer
geschlossenen Gesellschaft, während Fontanes Epik mit
wachsender ideologischer Reife sozial immer offener wird
und der sentimentale, philanthropische Klassenversöhnungs-
versuch im Unterschied zu Max Kretzer für ihn bereits um
1880 nicht in Betracht kommt.[35]

Genetische Beziehungen sind in ›Grete Minde‹ vor allem zu
Theodor Storm gegeben. An sein Schaffen fühlt sich der Leser
erinnert durch die immenseehaften Kindheitssituationen,
durch das Puppenspielermotiv, durch die Kritik an bourgeoi-
ser Hartherzigkeit und besonders durch die chronikhaften,
die lyrisierenden und symbolischen Tendenzen.[36] ›Grete
Minde‹ ist aber frei von den ausgleichenden, versöhnlichen
Zügen in den gleichzeitig erscheinenden ›Söhnen des Sena-
tors‹ [1880/81]. Neben den Romanen Max Kretzers ist letztlich auch der Vergleich mit Theodor Storm geeignet, die
sozial harmonisierende Absicht auszuschließen.

Ein letzter einkreisender literaturgeschichtlicher Bezug:
1879 (!) gelangte, besorgt von Karl Emil Franzos, die erste
umfassende Ausgabe der Werke Georg Büchners an die Öffentlichkeit.[37] Fontane nahm davon, im Unterschied zu Ger-

---

35 Vgl. Fontane, »Aufzeichnungen zur Literatur. Ungedrucktes und Unbe-
kanntes«, hrsg. von H.-H. Reuter, Berlin/Weimar 1969, S. 111 f., 333–337;
ferner Dieter Mayer, »Max Kretzer: *Meister Timpe* (1888). Der Roman vom
Untergang des Kleinhandwerks in der Gründerzeit«, in: »Romane und Erzählungen des Bürgerlichen Realismus. Neue Interpretationen«, hrsg. von
Horst Denkler, Stuttgart 1980, S. 347–361. Von Mayer »erscheint dem-
nächst« eine Studie über Kretzer und Fontane (ebd., S. 358, Anm. 18).

36 Gemeint sind etwa folgende Novellen Storms: »Immensee« (1850/52), »Pole
Poppenspäler« (1874), »Aquis submersus« (1876/77), »Renate« (1878) und
»Eekenhof« (1879). Vgl. Fontane, »Aufzeichnungen zur Literatur . . .«,
S. 63–79, 298–304. In der zeitgenössischen Kritik steht aber erst »Ellern-
klipp« (1881) »unverkennbar unter dem Einfluß Storms« (Herding, S. 163),
vgl. bes. Paul Schlenthers Rezension (November 1881) in der »Tribüne«
(Berlin).

37 Vgl. Georg Büchners »Sämmtliche Werke und handschriftlicher Nachlaß.
Erste kritische Gesammt-Ausgabe«, eingel. und hrsg. von Karl Emil Franzos, Frankfurt a. M. 1879.

hart Hauptmann und den späteren Naturalisten, leider keine
Notiz. Aber objektiv, typologisch steht er mit ›Grete Minde‹
als insgesamt doch evokativer Gestaltung des Schicksals eines
von der Gesellschaft verständnislos und ungerecht behandel-
ten Menschen in ›Woyzeck‹-Nachfolge und in Vorbereitung
des Naturalismus wie auch eigener Werke (›L'Adultera‹, ›Effi
Briest‹), in denen das Motiv der Verdrängung aus der Gesellschaft dann freilich sozial und psychologisch sublimer gestaltet ist.«

Joachim Biener: Zur Diskussion. In: Fontane Blät-
ter 5 (1982) H. 1. S. 80 f.

4. Heidi Genées »Grete Minde«-Film (1977)

Am 28. Juni 1977 wurde der Spielfilm »Grete Minde« nach
Fontanes gleichnamiger Erzählung als offizieller deutscher
Wettbewerbsbeitrag bei den 27. Internationalen Filmfest-
spielen in Berlin uraufgeführt.[38] Regisseurin war die Berline-
rin Heidi Genée (geb. 1938). Schon am 19. August desselben
Jahres kam der Film bundesweit in die Kinos.

WILFRIED WIEGAND:

»[. . .] Die Wahl des Stoffes, dessen Grundzüge einer märkischen Chronik des siebzehnten Jahrhunderts entnommen
wurden, ist nicht frei von wilhelminischem Historismus, wie
man ihn aus der gleichzeitigen Baukunst,[39] aber auch aus der
Literatur, etwa aus den Novellen eines Paul Heyse,[40] kennt.
Zwar wird der Charakter der Titelfigur schon mit Ansätzen

---

38 Vgl. Heidi Genée, »Grete Minde. Drehbuch zu einem 90-Minuten-Spielfilm
    in Farbe, 35 mm (nach Theodor Fontane)«, München: Solaris Film- und
    Fernsehproduktion Peter Genée, 1976, 181 S. (masch.).

39 Zur Architektur der Zeit vgl. Hans Lehmbruch / Nancy Halverson Schleß in:
    »Das pompöse Zeitalter. Zwischen Biedermeier und Jugendstil«, hrsg. von
    Hans Jürgen Hansen, Oldenburg/Hamburg 1970, Kap. I.

40 Zu Heyses Novellenkunst in diesem Zusammenhang vgl. bes. Richard
    Hamann / Jost Hermand, »Epochen deutscher Kultur von 1870 bis zur Ge-
    genwart«, Bd. 1: »Gründerzeit«, München 1971 (zuerst Berlin 1965),
    passim.

jenes psychologischen Realismus gezeichnet, durch den
Fontane später berühmt werden sollte, die Betonung leiden-
schaftlicher, fast hemmungsloser Triebkräfte verrät jedoch
noch viele Einflüsse spätromantischer Menschenauffas-
sung.[41]

Die Erzählung spielt um 1615 in Tangermünde, und die karge
Welt des norddeutschen Protestantismus ist im Film, dessen
wichtigste Aufnahmen im Harz gedreht wurden, äußerlich
gut rekonstruiert. Die einfachen Kleider und düsteren Talare,
die puritanisch-sauberen Backsteinkirchen und die mit
Renaissance-Schnitzereien verzierten Fachwerkhäuser – das
alles ist mit erstaunlichem Geschick in der deutschen Wirklichkeit von heute aufgespürt.

Was sich auf diesen Schauplätzen ereignet, ist die Tragödie
einer Jugendlichen, die inmitten der geordneten Welt bor-
nierter Rechtgläubigkeit ewig als Fremde gilt, [. . .].

Diese Fabel wird im Film detailfreudig nacherzählt, dennoch
kommt dabei weder eine gültige Fontane-Adaption noch ein
guter, aus eigener Erzählqualität lebensfähiger Film zu-
stande. Heidi Genée [. . .] ist zuvor jahrelang Cutterin und
Regieassistentin gewesen; was sie nun aber als eigenes
Regiehandwerk vorweist, bleibt konventionell. Grobe hand-
werkliche Mängel finden sich zwar nicht, andererseits be-
zeugt keine einzige Stelle in ›Grete Minde‹ einen inspirierten
Umgang mit dem filmischen Handwerk, alles bleibt brav und
trocken, nie finden Kamera und Montage zu einem persönlichen Ton, der eher überängstlich vermieden wird. Auch
jene nüchterne Sachlichkeit, die nur den Figuren dienen will,
sucht man hier vergeblich. Jede Szene ist auf fatale Weise
akzeptabel, aber jede könnte man sich ebensogut auch anders
vorstellen.

Die Regisseurin hat mit schöner Offenheit erklärt, ihr Film
könnte ebensogut auch in der Gegenwart spielen – ein Eingeständnis, das man gegen den Film kehren muß. Wenn Histo-

---

41 Vgl. hierzu bes. Norbert Frei, »Theodor Fontane. Die Frau als Paradigma
des Humanen«, Königstein (Taunus) 1980, S. 98–101 (»Grete Minde« im
Abschnitt »Der Zauber des Infernalischen«).

rie zur beliebigen Kulisse gerät, dann ist der ganze Aufwand
an Fachwerk und Backstein eben überflüssig und der ver-
meintliche Historienfilm null und nichtig. Auch Fontane
hatte sich bemüht, einen strengen Historismus zu vermeiden,
aber im Widerstreit seiner realistischen Psychologie mit dem
spröden Chronistenstoff ist doch etwas von der grundsätzli-
chen Dialektik bewahrt, durch die allein sich der Blick des
Spätergeborenen auf Vergangenes als sinnvoll erweist. Ein
Film, dessen Kostüme zwar in die späte Renaissance verweisen, den man sich aber ebenso im Rocker-Milieu mit dem
Finale eines explodierenden Autos vorstellen kann, bleibt
letztlich ergebnislos.

Hinzu kommt, daß ›Grete Minde‹ einer jener ›linken Heimat-
filme‹ geworden ist, die das Mantel-und-Degen-Klischee von
den glanzvollen alten Zeiten durch die umgekehrte Einseitig-
keit ersetzen. Wer aber Geschichte nur als Anhäufung
unmenschlicher Zustände versteht, versteht sie gar nicht.
Heidi Genées siebzehntes Jahrhundert ist eine Epoche, in
der die schlechten Charaktereigenschaften am Ruder und
Glücksmöglichkeiten nicht vorhanden waren. So wundert es
nicht, daß auch die Charaktere trotz guter Darsteller flach
und einseitig wirken. Die Hauptdarstellerin Katerina Jacob
beispielsweise offenbarte auf der Pressekonferenz in Berlin
eine Spontaneität, von der im Film kaum ein Abglanz zu
finden war. [. . .]

Nur die Landschaft enthält in diesem Film ein Glücksver-
sprechen. Wir sehen saftige, fast üppige Wälder und Wiesen,
die noch frei sind von Telegraphendrähten und Betonpfei-
lern. Solche Drehorte zu finden ist heutzutage gewiß nicht
leicht. Doch leider bleibt auch die Natur meist bloße Kulisse.
Nur selten einmal ist sie einbezogen in die Handlung,
bekommt sie dramaturgische Aussagekraft, beginnt als Teil
der Erzählung zu sprechen. Welch herrliches Material blieb
hier ungenützt.

Heidi Genée versteht ›Grete Minde‹ als einen ›Kinofilm‹, und
es hat in Berlin nicht an doktrinären Eiferern gefehlt, die ihr
vorwarfen, der Film sei gar zu schön geraten und buhle allzu

sehr um die Gunst eines unkritischen Publikums. Wenn
›Grete Minde‹ typisch sein soll für die Ästhetik eines opulen-
teren deutschen Kinofilms, dann allerdings kennen wir diese
Ästhetik schon lange: nämlich aus den deutschen Fernseh-
spielen, die mit den Kulissen, Schauspielern und literarischen
Vorlagen nicht anders verfahren als Heidi Genée. Hier wie
dort besteht der Hauptfehler darin, vor allem ansehnliches
Material herbeizuschaffen: dekorative Schauplätze, gute
Darsteller und nicht zuletzt einen berühmten literarischen
Stoff, anstatt, wie es dringend nötig wäre, die ›Ars Paupera‹
des jungen deutschen Films durch eine aufwendigere Drama-
turgie zu überwinden. Was nottut, sind nicht Material-
schlachten, sondern Strategien.«

> Wilfried Wiegand: »Grete Minde« – eine fragwür-
> dige Materialschlacht. In: Frankfurter Allgemeine
> Zeitung. 30. Juni 1977.

Mathes Rehder:

»Vom Publikum der ›Berlinale‹, wo Heidi Genées Film zum
ersten Mal gezeigt wurde, wurde ›Grete Minde‹ mit Begeiste-
rung aufgenommen. Kühler reagierte die Kritik.[42] Auch ein
Kollege vom Fach, Rainer Werner Fassbinder, der selbst
einen Film [1973] nach einer Vorlage von Theodor Fontane
drehte (»Effi Briest«),[43] zeigte der Debütantin die kalte
Schulter. Er vermißte den Mut zum Risiko. [. . .]
›Grete Minde‹ ist die Geschichte einer stürmisch verlaufen-
den Emanzipation: [. . .] Fontanes historische Heldin, sie
lebte zu Beginn des 17. Jahrhunderts, antwortet mit einer
›Überreaktion‹ auf die permanenten Repressalien der Ge-
meinschaft, in der sie als Außenseiterin zu leben gezwungen
ist. Es hätte auch die Geschichte eines Gastarbeiterkindes in
der Bundesrepublik werden können . . .

42 Z. B. auch Ingvelde Geleng (»Bremer Nachrichten« vom 30. Juni 1977),
Heiko R. Blum (»Rheinische Post« vom 20. August 1977) und H. G. Pflaum
(»Süddeutsche Zeitung« vom 20. August 1977).
43 Vgl. hierzu bes. Jürgen Wolff, »Verfahren der Literaturrezeption im Film,
dargestellt am Beispiel der Effi-Briest-Verfilmungen von Luderer und Fassbinder«, in: »Der Deutschunterricht« 33 (1981) H. 4, S. 47–75.

Warum dann die zeitliche Distanz? ›Weil‹, sagt Heidi Genée,
›für mich dadurch noch eine weitere interessante Dimension
dazu kam: das historische Umfeld, das ich mir erarbeiten
mußte.‹ [. . .]

[. . .] ›Grete Minde‹ wurde mit zweieinhalb Millionen Mark
für den Drehtag eines der teuersten Leinwandwerke der
neueren Jungfilmzeit.«

> Mathes Rehder: Ein Außenseiterschicksal frei nach
> Theodor Fontane. In: Hamburger Abendblatt.
> 18. August 1977.

Else Goelz:

»Die Gefahr ist groß, daß man diese zündelnde Ratsherrn-
tochter aus dem siebzehnten Jahrhundert als eine Vorläuferin
der heutigen Terroristinnen aus der sogenannten Anarcho-
Szene betrachtet.[44] Ihr für die damalige Zeit geradezu unge-
heuerlicher Ausbruch aus dem bürgerlich-bigotten Elternhaus [. . .] und dann zum Schluß ihre Rache an einer Gesellschaft, von der sie ausgestoßen worden war [. . .], erweckt
natürlich Assoziationen an heute.

Aber die Ähnlichkeit mit lebenden Personen ist rein zufällig
und nicht beabsichtigt. Denn natürlich ist diese noch naive,
von starken Gefühlen und einem ungestümen Temperament
Getriebene keine von kühlen Reflektionen bestimmte und
von ideologischen Theorien verwirrte Anarchistin. Sie ist
dann schon eher eine Vorläuferin der Emanzipation, wenn
auch eine sehr ferne Ahnin und Ahnende. In erster Linie ist
diese Grete Minde eine starke weibliche Persönlichkeit, wie
es sie zu allen Zeiten gegeben hat.

Auch der Umstand, daß Heidi Genée, also eine Frau, sich
dieser von Theodor Fontane in einer altmärkischen Chronik
gefundenen Geschichte zur Verfilmung angenommen hat,

---

44 Zum Terrorismus in der Bundesrepublik in den 1970er Jahren, bes. im Jahre
    1977 (Ermordung des Generalbundesanwalts Siegfried Buback und des Ban-
    kiers Jürgen Ponto, Entführung des Industriellen Hans Martin Schleyer und
    einer Lufthansa-Maschine nach Somalia), vgl. einzelne Nummern des »Spie-
    gels« (Hamburg) vom September und Oktober 1977.

besagt noch lange nicht, daß hier ein Film ›von Frauen über Frauen für Frauen‹ (Parole der feministischen ›Emma‹-Zeitschrift)[45] gemacht worden ist. Heidi Genée [. . .] hat sich nicht auf einen ›feministischen Emanzipationstrip‹ begeben – im Gegenteil. Mit einer Werktreue, die nur wenige vernünftige Änderungen einfügte, und einer sensiblen Anpassung an den zeitgemäß gemächlichen Erzählrhythmus des Dichters hat sie in einfachen, klaren, atmosphärisch schönen und dichten Bildern (Kamera: Jürgen Jürges) die Geschichte [. . .] erzählt [. . .].

Dieses imposante Gemälde aus grauer Vorzeit, mit den unterschwelligen Beziehungen zum Heute, hat Heidi Genée mit einer für einen Erstlingsfilm fast beängstigenden Perfektion inszeniert und mit sicherem Sinn für Publikumswirkung. Sie hatte dabei das Glück, daß ihr der Zufall eine Hauptdarstellerin zuführte, ohne die dieser Film kaum so wirkungsvoll und überzeugend geworden wäre. [. . .]

Die andere schauspielerische Überraschung ist Hannelore Elsner als die ›böse‹, zwischen Neid und Frömmigkeit hin und her gerissene Trud. [. . .] Die männlichen Darsteller (Siemen Rühaak als Valtin, Thilo Prückner als Gerdt Minde, Hans Christian Blech als Pfarrer Gigas, um nur einige zu nennen) kommen schon von den Rollen her eher mickrig als strahlend zur Geltung (also doch ein Feministenfilm?), werden aber von der Regie trotzdem präzise geführt.

Alles in allem bietet dieser Film eine kräftige, aber bekömmliche Unterhaltungskost, welche die Lust zum Diskutieren und Nachdenken nicht ermatten läßt.«

Else Goelz: Gemälde aus grauer Vorzeit. In: Stuttgarter Zeitung. 19. August 1977.

---

45 Die feministische Zeitschrift »Emma« (Köln) wurde im Januar 1977 von Alice Schwarzer gegründet; schon im April desselben Jahres erreichte die Zeitschrift eine Auflagenhöhe von 300 000, vgl. hierzu Evelyn T. Beck / Patricia Russian, »Die Schriften der modernen Frauenbewegung«, in: »Neues Handbuch der Literaturwissenschaft«, Bd. 22,2 (»Literatur nach 1945. Themen und Genres«), hrsg. von Jost Hermand, Wiesbaden 1979, S. 357–386 (hier S. 375).

V. Literaturhinweise

1. Ausgaben

Grete Minde. Nach einer altmärkischen Chronik. In: Nord und Süd. Eine deutsche Monatsschrift [Berlin]. Hrsg. von Paul Lindau. Bd. 9. H. 26 (Mai 1879). S. 147–186; H. 27 (Juni 1879). S. 285–315.

Grete Minde. Nach einer altmärkischen Chronik. Berlin: Wilhelm Hertz, 1880. ²1887.

Grete Minde. Nach einer altmärkischen Chronik. In: Neuer Deutscher Novellenschatz. Hrsg. von Paul Heyse und Ludwig Laistner. München: Oldenbourg, 1884. Bd. 5. S. 107–239.

Sämtliche Werke. Hrsg. von Edgar Groß, Kurt Schreinert [u. a.]. München: Nymphenburger Verlagshandlung, 1959 ff. [Zit. als: SW; »Grete Minde« in Bd. 3.]

Werke, Schriften und Briefe. Hrsg. von Walter Keitel und Helmuth Nürnberger. München: Hanser, 1962 ff. [Zit. als: W: »Grete Minde« in Abt. 1: Sämtliche Romane, Erzählungen, Gedichte, Nachgelassenes. Bd. 1. 2., revid. und in den Anm. erw. Aufl. 1970.]

Romane und Erzählungen in acht Bänden. Hrsg. von Peter Goldammer, Gotthard Erler [u. a.]. Berlin/Weimar: Aufbau-Verlag, 1969. [Zit. als: RuE; »Grete Minde« in Bd. 3, bearb. von Anita Golz.]

Grete Minde. Nach einer altmärkischen Chronik. Edited with introduction and notes by Harvey W. Thayer. New York: Holt, 1911. ²1923. [Zit. als: Thayer.]

Grete Minde. Edited by Alan R. Robinson. London: Methuen, 1955. ²1960.

Grete Minde. Nach einer altmärkischen Chronik. Stuttgart: Reclam, 1970 [u. ö.] (Universal-Bibliothek. Nr. 7603.)

2. Briefe

Theodor Fontane: Briefe an Wilhelm und Hans Hertz 1859–1898. Hrsg. von Kurt Schreinert und Gerhard Hay. Stuttgart: Klett, 1972.

Der Briefwechsel zwischen Theodor Fontane und Paul Heyse. Hrsg. von Gotthard Erler. Berlin/Weimar: Aufbau-Verlag, 1972.

Theodor Fontane. Hrsg. von Richard Brinkmann und Waltraud Wiethölter. München: Heimeran, 1973. (Dichter über ihre Dichtungen.) Bd. 2. (Über »Grete Minde« S. 244–261.)

Theodor Fontane: Briefe. Hrsg. von Otto Drude [u. a.]. München: Hanser, 1976–82. (Werke, Schriften und Briefe. Abt. 4.)

3. Historische Quellen

Helmreich, Caspar: Annales Tangermundenses. 4 Bde. [Bd. 1–3: Magdeburg 1636. Bd. 4–5: Zerbst 1651.]

Ritner, Andreas: Altmärkisches Geschichtsbuch. Zerbst 1651.

Küster, George Gottfried: Antiquitates Tangermundenses. Berlin 1729. [Eine neue Ausgabe von Helmreichs und Ritners Annalen mit Anhang.]

Bekmann, Johann Christoph: Historische Beschreibung der Chur und Mark Brandenburg. 2 Bde. Berlin 1751–53.

Pohlmann, August Wilhelm: Geschichte der Stadt Tangermünde. Stendal 1829.

– Margaretha Minde oder die Feuersbrunst zu Tangermünde am 13. September 1617. Ein Denkmal menschlicher Verworfenheit. Tangermünde 1843.

– Historische Wanderungen durch Tangermünde. Tangermünde 1846.

Wohlbrück, Sigmund Wilhelm: Geschichte der Altmark. Berlin 1855.

Parisius, Ludolf: Grete Minden und Die Feuersbrunst vom 13. September 1617. Eine Ehrenrettung. In: Hermann Dietrichs / Ludolf Parisius: Bilder aus der Altmark. Hamburg 1883. Bd. 1. S. 66–108.

Däther, Wilhelm: Der Prozeß gegen Margarete Minden und Genossen. Ein dunkles Kapitel Tangermünder Stadtgeschichte. Auf Grund der Magistratsakten und anderer Quellen bearbeitet. Tangermünde [1931].

4. Forschungsliteratur

Biener, Joachim: Zur Diskussion [zu Klaus Globigs Beitrag, vgl. unten]. In: Fontane Blätter 5 (1982) H. 1. S. 80–82.

Bos, Jan: Die kritische Funktion der religiösen Motivik in Fontanes ›Grete Minde‹. Doktoralarbeit. Utrecht 1980.

Bosshart, Adelheid: Theodor Fontanes historische Romane. [Diss. Zürich.] Winterthur 1957. S. 42–59.

Delp, W. E.: Around Fontane's ›Grete Minde‹. In: Modern Languages (London) 40 (1959) S. 18 f.

Demetz, Peter: Formen des Realismus: Theodor Fontane. Kritische Untersuchungen. München 1964. S. 91–99.

Ester, Hans: Der selbstverständliche Geistliche. Untersuchungen zu Gestaltung und Funktion des Geistlichen im Erzählwerk Theodor Fontanes. Leiden 1975. S. 67–72.

Ester, H.: Zur Gesellschaftskritik in Fontanes »Grete Minde« [zu Globigs Beitrag]. In: Fontane Blätter 5 (1982). H. 1. S. 73–78.

Giel, Volker: Zur Anlage des Aufsatzes von Klaus Globig; Grete Minde: Versuch einer Interpretation. In: Fontane Blätter 5 (1982) H. 1. S. 68–73.

Globig, Klaus: Theodor Fontanes ›Grete Minde‹: Psychologische Studie, Ausdruck des Historismus oder sozialpolitischer Appell? In: Fontane Blätter 4 (1981) H. 8. S. 706–713.

Herding, Gertrud: Theodor Fontane im Urteil der Presse. Ein Beitrag zur Geschichte der literarischen Kritik. Diss. München 1945. S. 149–154.

Hertling, Gunter H.: Kleists »Michael Kohlhaas« und Fontanes »Grete Minde«: Freiheit und Fügung. In: The German Quarterly 40 (1967) S. 24–40.

Jolles, Charlotte: Theodor Fontane. Stuttgart ³1983. Sammlung Metzler,
   Bd. 114. S. 61–63.
Kahrmann, Cordula: Idyll im Roman: Theodor Fontane. München 1973.
   S. 77–84.
Konieczny, Hans-Joachim: Fontanes Erzählwerke in Presseorganen des ausge-
   henden 19. Jahrhunderts. Eine Untersuchung zur Funktion des Vorabdruk-
   kes ausgewählter Erzählwerke [. . .]. Diss. Paderborn 1978.
Leitner, Ingrid: Sprachliche Archaisierung. Historisch-typologische Untersu-
   chung zur deutschen Literatur des 19. Jahrhunderts. Frankfurt a. M. / Bern /
   Las Vegas 1978. S. 215–221.
Müller-Seidel, Walter: Theodor Fontane. Soziale Romankunst in Deutschland.
   Stuttgart 1975. S. 72–81.
Osborne, John: ›Wie lösen sich die Rätsel?‹ Motivation in Fontane's »Grete
   Minde«. In: Modern Languages (London) 64 (1983) S. 245–251.
Pastor, Eckart: Das Hänflingsnest: Zu Theodor Fontanes »Grete Minde«. In:
   Revue des Langues Vivantes 44 (1978) S. 99–110.
Pniower, Otto: »Grete Minde«. In: O. P.: Dichtungen und Dichter. Essays und
   Studien. Berlin 1912. S. 295–331. [Zuerst in: Brandenburgia. Monatsblätter
   der Gesellschaft für Heimatkunde der Provinz Brandenburg zu Berlin 9
   (1901) S. 389–411.]
Rost, Wolfgang E.: Örtlichkeit und Schauplatz in Fontanes Werken. [Diss.
   Berlin 1930.] Berlin/Leipzig 1931. S. 102–106, 152.
Scholz, Hans: Theodor Fontane. München 1978. S. 155–162.
Sieper, Clara: Der historische Roman und die historische Novelle bei Raabe und
   Fontane. Weimar 1930. S. 44–47, 75–77.
Thunecke, Jörg: Klosteridyll und Raubmörderidyll [zu Globigs Beitrag]. In:
   Fontane Blätter 5 (1982) H. 1. S. 78–80.
Wandrey, Conrad: Theodor Fontane. München 1919. S. 138–145.

Der Verlag Philipp Reclam jun. dankt für die Nachdruckgenehmigung den
Rechteinhabern, die durch den Quellennachweis oder einen folgenden Copy-
rightvermerk bezeichnet sind. Für einige Autoren waren die Rechtsnachfolger
nicht festzustellen. Hier ist der Verlag bereit, nach Anforderung rechtmäßige
Ansprüche abzugelten.